지금 혼자 몰입공부

지금 혼자 몰입공부

단 5분으로 1시간 효과를 내는
초고속 스터디 플랜

남선우 지음

책들의정원

'머리가 좋아야 공부를 잘한다'는 말은 거짓이다

인생에서 공부할 수 있는 시간은 누구에게나 평등하게 주어진다. 모두가 하루 24시간 1년 365일을 산다. 초등학교 6년, 중학교 3년, 고등학교 3년을 다니는 점도 비슷하다. 그러나 어떤 이는 그 시간을 활용해 본인이 바라던 꿈을 성취하지만, 다른 이는 실패하기도 한다. 열심히 노력한 만큼 훌륭한 성과가 나오기를 모두가 바라지만 우리는 경쟁이라는 현실을 받아들여야 한다. 모두가 승자로 인정될 수는 없는 것이다.

성공과 실패를 가르는 차이는 어디에서 오는가? 이 질문의

답을 많은 사람이 오해하고 있다. '머리가 좋아야 공부를 잘한다'는 오해다. 서울대학교는 누구도 부정하지 않을 국내 최고의 대학이다. 그래서일까? "서울대 들어갈 정도면 타고난 천재 아니야?"라는 말을 흔히 한다. 하지만 조사에 의하면 그렇지 않다. 서울대학교에 입학한 학생 중 20퍼센트만이 아이큐 140 이상의 영재고, 나머지 80퍼센트는 대한민국 평균에 근접한 범재라는 결과가 우리의 예측을 깬다.

좋은 대학에 들어가고, 각종 고시에서 삼관왕을 따내며, 자신이 원하는 시험이라면 가뿐히 합격하는 사람의 특징은 머리가 아닌 학습 습관이다. 동기 부여를 통해 학습 태도를 가다듬고, 체계적으로 계획을 세워 시간을 효율적으로 활용한다. 독서와 같은 지적 활동을 즐겨 배경 지식이 풍부하고, 한 가지에 몰입할 줄 안다면 그야 말로 완벽한 조건을 갖췄다고 하겠다.

2017년 서울대학교 의과대학에 입학한 제자가 바로 그런 케이스였다. 이 학생과 처음 인연을 맺은 것은 거의 10년 전 일이다. 평소에도 책을 즐겨 읽던 학생이었지만, 집중력을 더욱 높여 몰입 상태에 이르는 방법을 훈련하도록 지도하고 빠르면서 정확하게 독해하는 기법을 가르쳤다. 트레이닝을 시작한 지 2년이 되자 이 학생의 독서량은 무려 3천 권에 달했다. 국제 수학 경시 대회에서 최고의 명예인 챔피언 상을 받아온 것도 이 무렵이었다.

　누구에게는 너무 쉬운 공부지만, 다른 이에게는 세상에서 가장 어려운 일이 공부다. 책상 앞에 앉아 있어도 이해가 잘 되지 않고, 진도마저 꽉 막혀버리면 한숨이 나온다. 이렇게 답답한 상황이 거듭되니 어느 새 스트레스가 쌓이고, 공부하는 상상만 해도 마음이 무거워진다.

　우리가 흔히 스트레스 받는 지점을 살피며 잘못된 학습 유형을 찾아보자. 첫째, 한 번 스윽 읽어놓고 실망하는 유형이다. 처음부터 완벽히 이해하지 못하는 것은 당연한 일인데, 반복을 통해 채워나가면 된다는 사실을 모른다. 둘째, 너무 꼼꼼히 암기하려는 나머지 책장을 넘기지 못하는 유형이다. '다 외워야 한다'는 부담감에 짓눌리다보면 공부 자체를 회피하게 된다. 그래서 작심삼일을 일삼고, 교재마다 1단원은 손때가 까맣게 묻어 있는데 그 다음부터는 어쩐지 새하얗다.

공부하며 겪게 되는 다양한 문제는 대부분 한 가지 방법으로 해결 가능하다. 바로 빠르게 읽고 반복하는 것이다. 그런데 보통 시험은 길어야 1~2년 내에 준비해야 한다. 수많은 과목을 3회독, 4회독씩 되돌려 보기에는 시간이 부족하다. 그래서 공부는 시간 싸움이다. 성적은 학습 속도에 달려 있다. 교과서와 교재를 스피드하게 읽고, 그러면서도 이해도를 적정 수준 이상으로 유지해야 한다. 두뇌에서 '망각'이 일어나는 프로세스를 반대로 이용해 학습한 내용을 오랫동안 유지하는 것도 중요하다.

공부에서 가장 중요한 것은 학습법이다. 학습법이 안내하는 길을 끝까지 따라 가도록 하는 것은 학습자 본인의 마음가짐에 달려 있다. 진심을 다해 그리는 꿈이 있는가? 그렇다면 오늘부터 몰입공부를 시작해보자. 몰입공부가 당신을 원하는 곳으로 이끌어줄 것이다.

2018년 9월

남선우

차례

부록 | 몰입공부 트레이닝 자료

1장

읽는 것과 이해하는 것의 차이

최소 4회독…
내가 세우는 반복학습 플랜

최연소 합격자의 비밀병기

2017년, 사법고시의 시대가 막을 내렸다. 한때는 법조인이 되기 위한 최종 관문으로 자리를 지켜왔지만, 이제는 로스쿨에 그 역할을 내어준 것이다. 그리고 이 시험의 결과가 발표되었다. 그간 사법고시는 연간 1천여 명 이상의 합격자를 배출하기도 했으나 이번에는 55명의 응시자만이 최종 명단에 이름을 올릴 수 있었다. 그중 한 응시생은 세간의 주목을 끌었다. 법학을 전공하지 않은 만 20세 합격자가 있었던 것이다. 그는 중학교와 고등학교 교육과정을 검정고시를 통해 마쳤으며, 법학과가 아니라 국사학과에 재학 중이라고 밝혀졌다. 이 합격자는 한 언론과의 인터뷰에서 자신의 장점으로 '속독'을 꼽았다.

각종 고시에 합격한 많은 사람이 비슷한 증언을 하고는 한다. TV나 인터넷에서 '빠르게 읽는 능력'이 신기한 재주나 묘기 정도로 치부되는 일이 잦은데, 사실 이는 모든 공부의 기본이 되는 핵심 기술이다. 시간당 습득하는 정보량을 획기적으로 늘려주는 데다가, 학습에 가속도를 붙여 효율을 높여주기 때문이다. 학습에 가속도를 붙인 '가속학습'은 느리게 공부하는 것과 정반대의 개념이다. 가속학습이 왜 천천히 하는 공부보다 효율적일까?

첫째, 가속학습은 자연스럽게 집중력을 유발하고 우리를 몰입의 세계로 안내한다. 시험을 준비하다보면 벼락치기를 해야 할 때도 있다. 좋은 공부 습관은 아니지만, 벼락치기를 해본 사람이라면 의외의 효과에 놀랐던 경험이 있을 것이다. 같은 시간 내에 학습한 분량을 분석해보니 상상을 초월해 경이로운 수준을 달성했기 때문이다. 그렇다면 효율을 높이기 위해 언제나 벼락치기를 해도 될까? 이런 공부는 지식을 단기기억에만 쌓아두고 장기기억으로 넘기지 못한다는 한계가 있다. 그러니 각종 고시나 수능 같은 큰 시험, 폭넓은 학습이 필요한 시험에는 적당하지 않다. 그런데 벼락치기의 효율성은 살리면서 단점은 극복할 수 있는 방안이 있다. 바로 '가속학습을 통한 몰입'이다. 평상시 꾸준하게 가속학습을 하면 집중력이 극대화된다. 집중력이 극한으로 치달으면 '몰입'이라고 부르는 상태에 들어가게 되는데, 따라서 가속학습과 몰입공부는 사실상 같은 것으로 볼 수 있다.

둘째, 가속학습은 인지 능력을 증가시키고 기억력의 향상을 가져온다. 느리게 한 시간을 공부하고 나서 기억나는 대로 핵심 단어를 써보자. 이번에는 한 시간 동안 같은 분량을 학습하는데, 대신 가속학습을 통해 빠르게 세 번 이상 반복한 후 핵심 단어를 써보도록 하자. 가속학습을 했을 때 우리는 두 배 이상 더 많은 단어를 쓰게 된다. 이는 몰입 상태에서 반복적으로 진행한 학습이 최적의 효과를 가져왔기 때문이다. 시중에 회자되는 다수의 학습법을 살피면 '다섯 번을 복습해라' '일곱 번을 되풀이하라'는 식의 조언이 많은데, 모두 이와 같은 효과를 겨냥한 것으로 풀이할 수 있다.

셋째, 가속학습은 이해력을 증진시킨다. 공부에 어려움을 느끼는 학생들에게는 하나의 특징이 있다. 꼼꼼히 읽고 학습하는 데 얽매여서 숲 전체를 보지 못하는 것이다. 다시 말해, 이해력에 한계를 느낀다. 그래서 시험 범위를 제때 전부 마치지 못한다. 책 앞부분에만 공부한 표시가 있고 뒤로 갈수록 백지 상태가 된다. 전체 맥락을 알지 못하는데 정확히 깨닫는다는 것은 있을 수 없는 일이다. 가속학습은 한 번 공부를 시작했다 하면 전체를 다 볼 때까지 공부하게 만든다. 그러니 단기간을 투자해도 거대한 숲을 보는 효과를 얻을 수 있고, 마치 파노라마처럼 지식이 한 눈에 펼쳐지게 된다. 그럼 당연히 전체 맥락에 대한 이해도가 상승하게 마련이다.

우리의 목표는 최소 4회독

가속학습을 통한 몰입공부는 빠른 독해 능력과 반복 학습에 기초한다. 교과서나 수험서의 구성을 살펴보면 일반적으로 2~5쪽을 단위로 작은 제목이 달려 있는 것을 알 수 있다. 이것이 하나의 작은 범위가 된다. 이 범위를 어떻게 공부해야 할까? 그 첫 번째 방법은 다음과 같다.

1회독: 빠른 독해로 작은 제목의 범위를 읽는다. 이때 단권화 작업을 함께하면 좋다. 단권화란 여러 곳에서 출간된 교재를 모아 한 권으로 만드는 것인데, A를 기본 교재로 선택했다면 B와 C에서 A에는 없는 내용을 찾아 A에 옮겨 적으면 된다. 이 과정이 모두 끝나고 나면 시중에 있는 모든 지식이 A 교재에 전부 통합되어 있을 것이다.

2회독: 중요한 문장의 키워드, 즉 핵심 단어에 연필로 빠르

단권화를 이용한 방법

1. 리딩

2. 핵심 단어 마킹

게 체크한다. 이제부터는 가속학습을 통하여 시험일까지 공부한 모든 사항을 종합하고 암기한다.

이 첫 번째 방법은 흔히 '단권화'로 불리는 비법을 이용한 학습 코스다. 하지만 1회독을 하며 단권화 하는 과정에서 중도 하차하게 되는 경우가 많다. 이번에는 조금 다른 두 번째 방법을 알아보자.

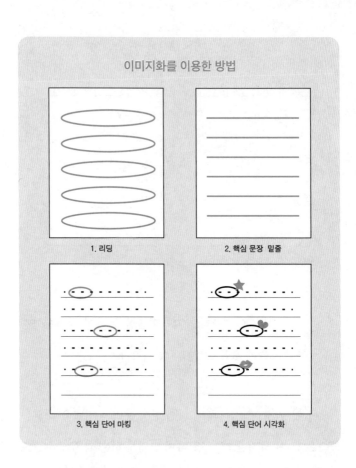

이미지화를 이용한 방법

1. 리딩

2. 핵심 문장 밑줄

3. 핵심 단어 마킹

4. 핵심 단어 시각화

1회독: 몰입독해를 통해 작은 제목의 범위를 빠르게 읽는다.

2회독: 반복 학습할 때 효율을 높이기 위해서 핵심 문장에

밑줄을 그어서 표시한다.

3회독: 핵심 문장 중에서도 핵심 키워드를 찾아 표시한다.

4회독: 기억해야 할 핵심 키워드에 그림을 그려 넣는다.

처음 공부를 시작할 때, 즉 1회독을 할 때에는 내용을 빠르게 읽으며 머릿속에 지도를 그린다. 그리고 2회독과 3회독에서는 점차 중요한 문장, 단어의 수준으로 내려간다. 빠르게 읽는 독해 훈련이 잘된 학생이라면 2회독부터는 50쪽 분량을 공부하는 데 10분 이하의 시간만 소요된다. 마지막으로 4회독을 할 때는 이미지화 작업을 해야 하는데, 이는 우뇌를 활용해 기억력을 상승시키려는 목적을 가진다. 이렇게 공부하면 학습에 대한 부담감이 많이 줄어든다. 첫 번째 방법의 핵심이 단권화라면 두 번째 방법의 핵심은 이미지화인데, 처음 시도하는 학생은 이미지화하는 요령이 없어 당황하기도 하지만 조금만 연습해보면 놀이를 하듯 즐길 수 있다. 그렇기 때문에 이 책에서는 이 두 번째 방법을 중심으로 학습 코스를 설계할 것이다. 이미지화에 대한 구체적 방법은 뒤에서 다시 다루기로 한다.

같은 시간을 투자했는데
결과는 왜 다를까?

공부에서 가장 중요한 능력은 '읽기'

합격의 핵심은 반복 학습이고, 이를 위해서는 빠른 속도가 필요하다는 점을 충분히 이해했을 것이다. 그렇다면 어떻게 속도를 높일 수 있는지, 어떤 주기로 복습해야 하는지 알아야 한다. 우선 속도에 관해서 살펴보자.

모든 공부는 언어를 통해 이뤄진다. 국어나 영어는 물론이고, 수학도 숫자와 수학 기호라는 언어를 거쳐 표현된다. 우리가 언어를 사용하는 방식은 두 가지다. 말과 글이다. 학교나 학원 수업, 인터넷 강의는 말을 통한 공부다. 독학을 위해 교재를 읽거나 모의고사를 보며 시험지에 적힌 글자를 읽는 활동은 글을 통한 공부다. 그런데 신기하게도 말을 통한 공부에서 속도가 나지 않아 고민하는 학생은 거의 없다. 인터넷 강의를 1.5배속이나 2배속으로 듣는 사람이 있을 정도다.

문제는 대부분 글에서 일어난다. 단 한 단원의 교재를 읽는데 한 시간이 걸린다는 사람도 있고, 읽는 속도는 무난하지만 다 읽고 나서 머리에 남는 내용이 없어 고민이라는 사람도 있다. 아무리 좋은 강사에게 수업을 듣는다고 해도 자기 실력은 스스로 책을 보며 완성된다. 그러니 읽기는 공부의 핵심 기술이라고 할 수 있다.

평범한 사람이 가진 읽기 능력의 한계는 어디일까? 평균적으로 일반 성인은 1분에 약 500~800자를 읽는다고 한다. 조금 욕심을 낸다면 2~3배 정도 속도 향상이 가능하지만 내용이 머릿속에 남지 않는 '백지 현상'이 발생하게 된다.

빠르게 읽어내면서도 그 내용을 이해하기 위해서는 특별한 훈련이 필요하다. 우리는 어릴 적 독서를 통해 글 읽는 법을 배운다. 그리고 평생 동안 그 방법만을 사용한다. 하지만 소설이나 시와 같은 문학이 아니라면 더욱 적절한 독해법을 적용할 수 있다.

빠르게 읽어도 이해도가 떨어지지 않는 이유

그렇다면 읽기 속도를 높이는 방법은 어떻게 등장했을까? 제2차 세계대전 중 전투기 조종사 훈련 프로그램의 일환으로 시작되었다는 것이 정설이다. 적아 식별 장치가 발달하지 못했던 시절, 가까이 다가온 전투기가 아군인지 적군인지 재빨리 파악하여 공격 여부를 결정하는 문제는 매우 중요했다. 그래서 이를 위한 인식 처리 기법이 만들어졌다. 읽기 훈련이 문학 서적을 탐미하는 것이 아니라 정보 처리 능력을 키우기 위한 것이라는 사실을 알려주는 이야기다.

한편 이런 질문을 하는 사람도 있다. "빨리 읽으면 내용이 기억날까요?" 어떻게 생각하는가? 질문을 바꾸어보자. "천천히 읽으면 전부 기억하시나요?" 읽기 속도를 2~3배 혹은 10배 정도 높이는 수준에서는 속도와 이해도의 관련성이 크지 않다. 빨리 읽어서 이해가 되지 않는다면 천천히 읽어도 이해가 되지 않는다.

속도를 높여도 이해력이 떨어지지 않는 비결은 몰입^{flow}에 있다. 몰입은 한 가지 일에 완벽히 집중하는 상태를 일컫는다. 심리학자 미하이 칙센트미하이^{Mihaly Csikszentmihalyi}는 몰입했을 때의 감각을 '물 흐르듯 편하고 하늘을 날아가듯 자유로운 느낌'이라고 표현했다. 읽기에 몰입을 적용하면 어떻게 될까?

독서 삼매경이란 말이 있다. 여기서 삼매^{三昧}는 산스크리트어인 '사마디^{Samādhi}'를 한자로 옮긴 것으로, 불교에서 말하는 고요한 정신 집중 상태를 뜻한다. 우리는 시선을 종이 위에 두고 있으면서도 머릿속으로는 순간순간 여러 가지 생각을 떠올린다. 이는 지금 내가 무엇을 하는지 명확하게 인식하지 못한 결과다. 집중력이 떨어지면 이해도가 부족해지고 기억하지도 못하게 된다. 하지만 대부분의 사람은 같은 일을 되풀이하고 있다.

공부할 때 집중은 매우 중요한 습관이다. 집중을 잘하지 못하는 사람을 두고 산만하다고 한다. 산만하다는 말은 하나가 아니고 두 가지, 세 가지 일을 동시에 처리하고 있다는 뜻이다. 집중은 컴퓨터에 띄워놓은 여러 개의 창 가운데 하나만 남겨놓고 전부 닫는 것과 같다. 우리는 의식하지 못하는 사이에 모든 감각을 열어놓고 있다. 이렇게 열려 있는 여러 감각이 우리의 집중력을 약하게 만든다. 눈을 감고, 귀를 닫아보라. 모든 감각을 차단하고 고요함을 느껴보는 것이다. 처음에는 어렵다. 그러나 반복 훈련을 통해 점차 익숙해지면 빠르게 몰입의 경지에 들어가 공부 효율을 극대화할 수 있다.

그렇다면 집중과 몰입은 어떻게 다를까? 바짝 집중해서 공부하는 순간을 떠올려보자. 물론 열심히 하고 있겠지만, 시간의 흐름이나 생리적 현상은 인지하고 있다. 한밤중 책 한 권을 들고 열중하다가 배가 고파져서 야식이 생각났다면 이는 몰입 상태가 아니다. 집중해서 책을 봤다고 해야 맞다. 몰

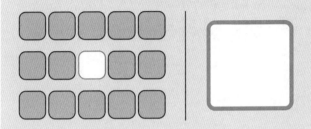

집중과 몰입의 차이

집중은 여러 가지 중 하나를 선택해서 보는 행위지만, 몰입은 집중해서 선택한 대상을 확장해 그 속으로 들어가 내면을 보는 행위다.

입 상태에서는 시공간의 개념이 사라진다. 지금이 몇 시인지, 내가 어디에 있는지에 관심이 멀어진다. 배고프다는 식의 생리적 현상도 없어진다. 시공간의 개념이 사라지니 물리적 한계를 뛰어넘어 진실의 문에 다가가게 된다. 공부에 몰입을 적용한다면? 어떤 제약에도 방해받지 않고 최고의 속도와 효율을 끌어낼 수 있을 것이다.

한글은 알아도
독해는 못하는 '실질적 문맹'

머릿속에 펼쳐지는 풍경

우리말을 한글로 적어놓았는데 막상 읽어보니 무슨 말인지 전혀 모르겠어서 당황스러울 때가 있다. 패션 잡지를 읽던 중이라면 다행이지만 시험 문제를 풀던 중이라면 매우 곤란할 것이다. 이런 현상은 왜 일어날까? 우선 다음 글을 읽어보자.

케냐 마운틴 고지대에서 생성된 생두를 로스팅하여 원두
를 갈아서 커피를 브로밍하였다. 커피의 맛을 보니 시나몬
과 허니가 떠오르고 잘 익은 과일의 산미와 빠넬라를 연상
시키는 덕분에 감미롭게 느껴진다.

— 커피비평가협회 김선관 <커피노트> 중에서

두 문장밖에 되지 않는 이 글을 읽고 얼마나 독해했는가?
커피를 잘 모르는 사람이 읽었을 때는 도대체 무슨 말인지 감
도 잡지 못할 것이다. 읽기는 읽었지만 이해가 따르지 않는다
면 문맹과 다를 바 없다. 글을 읽는 행위에는 이해가 수반되어
야 한다. 이해력은 사람이 생각하고 느끼는 모든 지각 능력의
종합 결과다. 언어 인지, 기억, 상상, 분석, 추론 등이 결합되어
하나의 이미지를 만들어낸다.

앞선 글을 잘 이해했다면 다음과 같은 모습을 떠올릴 수 있
다. 아프리카 케냐의 마운틴 지역에서 새빨간 열매가 수확되었
다. 바로 커피 열매다. 이 생두를 적절한 기술로 볶아내면 원두
가 된다. 향긋한 냄새가 나는 원두를 그라인더^{분쇄기}로 갈고 브

로밍^{뜨거운 물로 우려내는 과정}한다. 시음을 했더니 커피에서 시나
몬^{계피}과 허니^꿀의 맛과 향이 연상된다. 과일 특유의 새콤함과
빠닐라^{사탕수수에서 얻은 정제 전의 원당}의 달콤함도 느낄 수 있어서
무척 감미롭다.

　　결국 책을 읽고 이해한다는 것은 잘 알고 있는 사물의 형
상처럼 물리적인 모습을 떠올리거나 어떤 상황과 메시지와 같
은 추상적인 내용을 받아들이는 심리학적 프로세스다. 따라서
읽는 것과 이해하는 것은 동시에 일어나지만 같은 행위라고 볼
수 없다. 다시 말해 단순히 읽는 것과 이해하는 것은 완전히 다
른 과정이다.

문맹률은 1퍼센트라지만…

　　실질적 문맹이란 표현이 있다. 글자를 아느냐 모르느냐 하
는 문제가 아니라 문장 이해력을 따지는 말이다. 글자를 읽고
그 의미까지 알아야 진짜로 글을 읽었다고 할 수 있다. 독해력

이 떨어지는 사람은 일상적인 의사소통도 어려워진다. 인터넷에서 기사를 읽고 나면 엉뚱한 댓글이 올라오는 풍경을 종종 목격한다. SNS나 메신저에서도 마찬가지다. 친구들과 이야기를 하다가도 가끔 동문서답을 했다며 함께 웃고 지나가는 일이 있다.

우리나라는 문맹률이 1퍼센트 이하라고 한다. 이는 한글의 우수성을 보여주는 지표일 뿐, 한국 사람의 독해력이 높다는 증거는 되지 못한다. 실질 문맹률을 낮추기 위해서는 단순 읽기가 아니라 이해하며 읽기가 중요하다. 독서란 필자와 독자가 같은 생각을 공유하며 대화하는 활동이다. 이 활동이 성공적으로 형성되기 위해서는 당연히 필자와 독자의 만남이 원활하게 이루어질 수 있어야 한다.

꼼꼼히 읽기 vs 훑어서 읽기

우리는 흔히 '읽는 방법'에 한 가지 유형밖에 없다고 생각한다. 그러나 읽기에도 여러 가지가 있다. 우선 정독을 알아보

자. 정독은 여러 읽기 방식 중 하나로 자세하게 살펴 읽는다는 뜻이다. 정독의 '정(精)'이라는 한자에는 '쌀 미(米)'가 숨어 있다. 수확한 벼를 쌀로 만들기 위해서는 여든여덟 번의 섬세한 손길이 닿아야 한다고 한다. 정독도 그러하다. 여든여덟 번 정성을 들이듯이 하는 깊이 있는 독서, 이것이 바로 정독이다.

공부를 위해 교과서나 교재를 정독한다면 어떤 결과를 가져오게 될까? 집중해서 읽는 만큼 어려운 내용도 쉽게 이해할 수 있으며 세부 내용까지 파악하게 된다. 그렇다면 정독으로 공부했다고 말할 수 있는 기준은 무엇일까? 일반 소설책을 읽었다면 책을 읽은 후 줄거리를 육하원칙누가, 언제, 어디서, 무엇을, 왜, 어떻게에 의해서 정확히 기술할 수 있는지에 따라 정독 여부가 판가름된다. 그렇다면 공부를 할 때는? 핵심 단어와 개념을 얼마나 기억하고 있는지 측정해보는 방법이 있다. 80퍼센트 이상을 숙지하고 있어야 통과다. 대부분의 사람이 정독을 한다고 말하지만 이해도를 측정해보면 대부분 60퍼센트를 넘기지 못하는 실정이다. 이는 교재를 읽으며 어렴풋한 흐름은 느꼈지만 구체적 기술 내용을 기억하지 못했기 때문인데, 다시 말해 독해 능력이 부족하다고 평가할 수 있다.

머릿속에 내용이 남지 않는 낮은 수준의 읽기는 정독이 아니다. 정독은 거대한 숲속으로 들어가 수많은 나무의 생김새를 관찰하고 하나씩 만져보면서 문자를 통해 나무와 소통하는 것과 같다. 이런 소통을 통해 우리는 책을 더 깊이 있게 이해하고 비판적 시각과 사고력을 확장시키게 된다.

그렇다면 빠르게 훑어가며 읽는 방법은 없을까? 있다. 바로 통독이다. 통독은 책을 처음부터 끝까지 빠르게 꿰뚫어 읽는 것이다. 길거리를 천천히 거닐며 섬세하게 구경하는 것이 정독이라면 통독은 자동차를 타고 지나가면서 구경하는 것과 같다. 통독은 전체 숲을 재빠르게 훑어봄으로써 내가 자세히 읽을 내용이 어디에 있는지 찾아보거나 책 전체 흐름을 알아내 그 책을 잘 읽을 수 있도록 일종의 틀을 세우는 과정이다.

공부를 시작하기 전에 통독을 실시해 해당 과목의 윤곽을 잡으면 정독을 하는 데 큰 도움이 된다. 중국의 유명한 시인 도연명陶淵明은 자신의 저서 《오류선생전五柳先生傳》에서 '호독서불구심해好讀書不求强解'라는 말을 남겼다. 독서를 좋아하나 무리한 해석을 구하려고 하지 않는다는 이 말은 통독의 자세를 보여준다고도 할 수 있다.

무조건 빠르게 vs 내용을 이해하며 빠르게

이외에도 소리 내어 읽는 음독, 마음속으로만 읽는 묵독 등이 있다. 그런데 공부할 때 필요한 읽기법은 무엇일까? 정독처럼 꼼꼼히 내용을 따져보면서도 통독처럼 빠른 속도를 내는 방법은 없을까? 속독이라는 용어를 들어보았을 것이다. 글을 빠르게 읽기 위한 기술로, 속독을 익히면 글을 글자가 아니라 덩어리 단위로 읽게 된다. 이 속독에서 한 걸음 더 나아가면 몰입독해가 가능해진다. 몰입독해는 몰입 상태에서 얻어지는 강력한 집중력을 통해 글에 대한 흥미와 즐거움을 무아의 경지로 이끈다. 몰입독해를 터득하게 되면 내가 읽고 있는 것에 대한 완벽한 통제권을 가질 수 있다.

몰입독해는 묵독처럼 마음속으로 글을 읽으면서 이뤄진다. 기존 속독법은 내용을 놓치지 않고 세밀히 파악하기 어렵

다는 단점이 있었지만, 몰입독해를 통해 내용을 심상화하고,

입체적 감각을 동원하게 된다면 숲과 나무를 동시에 볼 수 있

다. 이는 모든 공부법의 기본이자 핵심이다.

가속도가 붙으면
공부가 쉬워진다

공부는 여유로운 산책이 아니라 마라톤

빠르게 읽기와 정확하게 읽기는 서로 반대되는 개념이 아니다. 독해 속도는 각자가 지닌 인지 능력, 배경 지식, 읽기 습관, 훈련 여부에 따라서 변할 뿐이다. 빠르게 읽으면 이해가 가지 않는다는 사람은 천천히 읽어도 이해하지 못할 가능성이 높다. 읽기 속도를 개인 능력에 맞춰 올리면 오히려 집중력을 증

훈련 전 독해량과 이해도

구분	1분당 독해량	이해도
초등 저학년	200~300자	55퍼센트
초등 고학년	400~600자	60퍼센트
중학생	500~700자	60퍼센트
고등학생	600~800자	65퍼센트
대학생	600~800자	70퍼센트
일반 성인	400~600자	60퍼센트
문서 관련 직종 종사자	600~800자	70퍼센트

가시켜 정확한 독해를 하게 도와준다.

공부에 속도를 내는 것은 어려운 일이 아니다. 누구나 주위를 정돈하고 집중하면 특별한 요령 없이도 빠른 속도를 낼수 있다. 한가로운 휴가지에서 감성이 흘러넘치는 시집을 읽으며 종이를 후다닥 넘기는 사람은 없다. 그렇게 해야 할 이유가없기 때문이다. 하지만 공부를 위해 책을 읽는다면 다르다. 계획과 목적에 따라 또는 개인적인 능력에 따라 독해 속도를 조정할 필요가 있다.

슈퍼카를 몰고 앞서나가는 사람

　지난 20여 년간 어린 아이부터 성인까지 다양한 학습자를 만나 공부법을 지도하면서 독해 속도에 따라 이해력이 어떻게 달라지는가를 연구해왔다. 그 결과는 우리의 상식을 허문다. 빠르게 읽으면 이해도가 낮아진다고 생각하기 쉽지만, 오히려 빠르게 읽는 훈련을 하면 연령과 직업에 상관없이 내용을 흡수하는 비율이 높아졌다. 특히 훈련을 거치면 누구나 최소한 70퍼센트의 이해도를 보인다는 점은 눈여겨볼 만한 부분이다. 또한 중학생에서 대학생까지의 연령대에서 가장 큰 변화를 엿볼 수 있었다.

　우리가 아무런 훈련 없이 책을 읽을 때 내용을 흡수하는 정도는 의외로 높지 않다. 하지만 단 몇 개월만 연습하면 빠르게 읽으면서도 더 정확히 이해할 수 있다. 그런데도 많은 사람이 '읽기 공부'의 필요성을 느끼지 못할뿐더러, 무조건 정독만이 옳다고 주장하는 것을 보면 참으로 안타깝다. 이런 주장을 들

3개월 훈련 후 독해량과 이해도

구분	1분당 독해량	이해도
초등 저학년	2,000~3,000자	70~100퍼센트
초등 고학년	4,000~6,000자	70~100퍼센트
중학생	5,000~7,000자	70~100퍼센트
고등학생	6,000~8,000자	70~100퍼센트
대학생	6,000~8,000자	70~100퍼센트
일반 성인	4,000~6,000자	70~100퍼센트
문서 관련 직종 종사자	6,000~8,000자	70~100퍼센트

여다보면 '빨리 읽기는 독이 된다'고 한다. 행간에 숨어 있는 의미를 놓치고 감정이입에 방해가 되기 때문이란다. 이는 문학에서나 통하는 설명이다. 실용적인 목적을 띤 글을 읽을 때는 다르다. 분당 수만 자를 읽어 내리는 사람이라도 아름다운 시를 감상할 때는 완만하게 호흡을 늦춘다. 깊이 있는 소설을 5분 안에 읽고서 책장을 덮는 사람은 없다. 게다가 오히려 어릴 때부터 소설을 즐기던 사람은 별도의 훈련 없이도 아주 빠른 독해 속도를 가진 경우가 많다. 워낙 글을 많이 접하다 보니 자기만

6개월 훈련 후 독해량과 이해도

구분	1분당 독해량	이해도
초등 저학년	6,000~10,000자	70~100퍼센트
초등 고학년	20,000~30,000자	70~100퍼센트
중학생	25,000~50,000자	70~100퍼센트
고등학생	30,000~60,000자	70~100퍼센트
대학생	30,000~50,000자	70~100퍼센트
일반 성인	10,000~20,000자	70~100퍼센트
문서 관련 직종 종사자	15,000~30,000자	70~100퍼센트

의 리듬을 찾아낸 것이다.

우리는 정보의 바다가 아니라 홍수 속에서 살고 있다. 공부할 때도 그렇다. 경쟁률이 높은 시험일수록 더 많은 양을 학습하기를 요구한다. 정확한 정보를 찾아 빠르게 내 것으로 만드는 기술은 성공한 자의 기본기다. 같은 시간에 더 많은 정보와 지식을 습득할 수 있다면 지금보다 경쟁에서 우위를 점하게된다. 읽기 기술을 배우는 것은 고성능 슈퍼카를 가지는 것에 비유할 수 있다. 슈퍼카를 몰고 도로를 달린다고 상상해보라.

동일한 시간에 누구보다 멀리 나아가게 된다. 공부할 때는 꼭

정독만 해야 한다는 편견을 버리자. 새로운 길이 열릴 것이다.

빠르게 읽기가 가져오는 장점

모든 시험에는 제한 시간이 있다

수능이 끝난 뒤 시간이 모자라서 발을 동동 구르는 학생을 본 적 있는가? 신입 사원을 뽑는 시험에서도 마찬가지다. 제한 시간 안에 문제를 다 해결하는 사람은 의외로 그리 많지 않다. 운명을 가르는 시험에서 속도 때문에 방해를 받지 않으려면 평소에 훈련을 마쳐야 한다.

대입은 물론 고시에서도 당락을 좌우하는 논술

배경 지식 없이 글을 쓰는 것은 무모한 일이다. 대입은 물론 각종 고시에서도 논술은 큰 비중을 차지하지만 논술은 '스킬'만으로 고득점하기 어려운 분야다. 평소 다양한 독서를 기반으로 글쓰기를 준비한다면 빠른 시간 안에 논술 정복이 가능하다.

수학을 잘하는 사람은 왜 모두 독서광일까?

수학을 잘하는 사람에게는 공통점이 있다. 바로 독서량이 많다는 사실이다. 필자가 지도했던 학생 중에서도 여러 명이 국제수학경시대회에서 챔피언을 차지하거나 메달을 땄다. 독서 훈련은 종합적 이해력을 키우고 문제 해결 능력을 높인다. 또한 숫자 감각이 좋은 학생도 서술형 문제 앞에서 기죽을 때가 많은데, 이때 도움이 된다.

2장

책상 앞이
두려운
당신에게

어떤 합격 수기든
절대 빠지지 않는 '그 비법'

10분만 지나도 절반이 사라진다

매년 수능이 끝나고 각 대학에서 합격자를 발표하고 나면 명문대 수석 입학생의 인터뷰가 언론에 등장하고는 한다. 그럴 때마다 어김없이 등장하는 비결이 있다. 바로 반복 학습이다. 반복 학습은 누구나 따라할 수 있는 가장 쉬운 방법이자 매우 강력한 방법이다. 공부로 이름을 날렸다는 사람들이 쓴 책을 읽어보아도 그렇다. 한결같이 '일곱 번을 반복하라'거나 '열 번은 복습해야 한다'는 주장이 나온다. 그렇다면 반복 학습이 이토록 중요한 까닭은 무엇일까?

반복 학습의 이론적 토대는 '에빙하우스의 망각 곡선'에서 찾을 수 있다. 독일의 심리학자 헤르만 에빙하우스Hermann Ebbinghaus는 16년에 걸쳐 인간의 기억력을 연구했다. 그의 이론에 의하면 보통 사람은 한 번 공부한 내용의 50퍼센트를 불과 10분 후부터 잊어버리기 시작하며 한 시간 후에는 56퍼센트를, 하루가 지나면 약 70퍼센트를, 일주일이 지나면 75퍼센트를 망각한다고 한다. 그러다보니 한 달이 지나면 겨우 전체 내용의 21퍼센트만 떠올릴 수 있다. 힘들게 공부한 모든 것이 시간이 지나면 자연스럽게 증발된다고 하겠다. 모든 것을 잊어버린 상태에서 다시 처음부터 공부하기란 너무나 힘든 과정이 되어버린다.

에빙하우스는 어떻게 하면 기억이 더 오래 남는지에 관해서도 실험했는데, 핵심은 '반복'이었다. 한 번 공부한 내용을 10분 지나서 확인해보면 50퍼센트밖에 떠올리지 못하지만, 10분

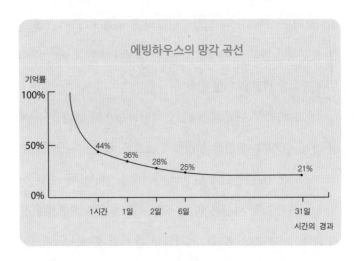

에빙하우스의 망각 곡선

기억률

100%

50%

44%
36%
28%
25%
21%

0%

1시간 1일 2일 6일 31일

시간의 경과

이 지나기 전에 반복 학습하면 하루 정도까지 기억이 유지된다는 사실을 알아냈다. 또한 반복 학습을 하지 않았을 경우에는 하루가 지난 뒤 70퍼센트를 망각하지만, 10분 내 반복 학습하고 나서 다시 하루 후에 거듭 반복하면 무려 일주일 동안 자신이 배운 내용을 유지할 수 있다고 한다. 이처럼 일주일 후, 다시 한 달 후 계속해서 반복한다면 학습한 내용이 '장기 기억'의 영역에 속하게 되는데, 이때부터는 공부가 점점 쉬워진다.

언제, 어떻게 반복해야 할까

우리가 하려는 공부는 합격을 위한 활동이다. 그러니 우리의 복습은 시험이라는 목표 지점에 도달할 때까지 연속되어야한다. 한 번 달리기 시작한 열차는 관성에 의해 앞으로 계속해서 나아가려고 한다. 중간에 속도를 늦추면 원래의 속도로 되돌아가기 위해 더 큰 힘을 내야 한다. 공부도 마찬가지다. 잠시멈춰버리면 이제까지의 노력이 헛수고로 돌아갈 공산이 크다. 그래서 학습에서는 예습보다 복습이 훨씬 중요하다. 따라서 어떤 강의를 듣기 전에 1시간 동안 예습을 하기보다는 강의가 끝나고 나서 10분 동안 복습을 하는 것이 압도적으로 높은 효율을 보인다. 우리는 예습보다는 복습에 더 많은 노력을 기울여야 한다.

'학습'이라는 것이 어떤 과정을 통해 이뤄지는지 살펴보자. 첫째, 읽기나 듣기를 통해서 두뇌에 정보를 전달한다. 둘째, 전달된 정보를 분석해 내용을 이해하는 과정을 거친다. 셋째, 분

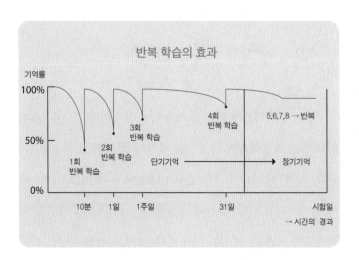

반복 학습의 효과

기억률
100%

4회
반복 학습

5,6,7,8 → 반복

3회
반복 학습

50%

2회
반복 학습

1회
반복 학습

단기기억 →

→ 장기기억

0%

10분   1일   1주일   31일   시험일

→ 시간의 경과

석을 통해 이해했다면 이제는 기억해야 한다. 넷째, 기억된 정
보를 꺼내어 쓸 수 있어야 한다. 다섯째, 꺼낸 정보를 맥락 속
에서 종합하고 융합하여 새로운 지식을 축적한다. 이런 과정을
여러 번 순환하며 우리는 학습한다. 흔히 공부를 잘한다고 평
가받는 사람은 이 순환의 속도가 빠르다. 그렇기 때문에 같은
시간을 앉아 있어도 다른 사람보다 여러 번 반복할 수 있고, 정
보를 풍부하게 축적하여 남보다 뛰어나게 활용한다.

어떠한 사실을 영원히 기억하려면 반복 학습할 때마다 포
인트를 다르게 해야 한다. 매번 같은 방식으로 반복하다가는

반복 학습 계획표

1회 반복	10분 내로 실행	
2회 반복	1일 내로 실행	
3회 반복	1주일 내로 실행	단기 기억
4회 반복	1개월 내로 실행	
5회 반복	2개월 내로 실행	
6회 이상 반복	시험 전까지 실행	장기 기억

익숙함에 빠져 반복의 효과가 줄어들기 마련이다. 그러니 제일 처음에는 전체 흐름에 주안점을 두고 통독하듯이 내용을 훑는다. 두 번째로 반복할 때는 완벽히 이해하겠다는 마음가짐으로 임한다. 세 번째 단계에서는 핵심 문장 또는 중요 사실을 위주로 반복한다. 네 번째 단계에서는 핵심 문장 또는 핵심 단어를 기억의 원리에 의해서 마치 머릿속에 그림을 그리듯 반복한다.

모든 기억법의 핵심 원리는 이미지화에 있다. 영어 단어를 암기할 때를 생각해보자. 사과나 자동차처럼 구체적 모양을 떠올릴 수 있는 단어는 쉽게 외워진다. 그러나 '침착하다' '헤어지다' '민족주의'처럼 형태가 없는 추상적 단어는 잘 외워지지 않는다. 이처럼 잘 외워지지 않는 단어는 반드시 이미지로 만들어야 한다. '침착하다'라는 단어에서 얼음을, '헤어지다'라는 단어에서 흰 손수건을, '민족주의'라는 단어에서 국기를 떠올리는 것이다. 그리고 이 단어 아래에 만화가처럼 그림을 그린다면 아주 뛰어난 효과를 볼 수 있다. 반복 학습을 통해 공부한 내용이라면 한 편의 그림 동화처럼 머릿속에 이미지로 저장되어 있어야 한다.

반복 학습을 할 때 놓쳐서는 안 될 중요한 팁이 한 가지 더 있다. 하루 종일 한 권의 책만 펴놓고 책상 앞에서 씨름하지 말라는 것이다. 개인 능력에 따라 한 시간이든 두 시간이든 집중하고, 그 사이에는 휴식 시간을 가져보자. 머리를 식힐 때는 두뇌가 쉴 수 있도록 가볍게 산책을 하거나 잠시 명상에 빠지면 좋다.

또한 같은 과목만 매달리지 말자. 과목은 적당히 바꾸어가며 반복해야 한다. 만약 국어 공부를 했다면 다음에는 수학을, 그 다음에는 영어를 공부해서 두뇌 과부하로 인한 스트레스를 극복할 수 있다. 우리는 과목에 따라 두뇌의 각기 다른 영역을 활용한다. 이를 잘 이해하고 학습하면 효율이 극대화될 것이다.

반복 학습은 결국 자기주도 학습이다. 아무리 뛰어난 일류 강사라도 반복 학습을 대신해줄 수는 없다. 학원에 다니지 않고 집에서 공부했다는 말은 자신이 집중할 수 있는 시간을 스스로 마련하고 그 시간 동안 배운 내용을 거듭 반복했다는 뜻이라는 점, 명심하자.

학문이 아니라
합격을 위해 공부한다면

'요령'은 피워야 한다

공부하다보면 최선을 다했지만 내용이 잘 이해되지 않아 좌절하게 되는 경우가 있다. 누군가는 못난 머리를 탓하고, 누군가는 시간이 부족했기 때문이라며 자신을 책망한다. 진짜 원인은 어디에 있을까? 그리고 무엇이 잘못된 것일까?

서울에서 부산까지 기차를 타고 여행한다고 생각해보자.

서울을 출발한 기차가 목적지를 향해 달린다. 창밖으로 수많은 풍경이 지나간다. 크고 작은 마을, 공장, 과수원, 산과 들, 강가…. 우리는 순간순간 완벽한 경치를 감상했다. 그런데 목적지에 도착하고 나니 그 많은 장면 중 극히 일부만이 선명할 뿐, 대부분은 아예 기억나지 않는다.

공부 또한 마찬가지다. 한 줄, 한 줄 공부하면서 그 순간에는 이해했다고 여겼는데 전체를 마치고 나서 요약을 하려니 많은 어려움을 겪는다. 왜 이런 현상이 나타날까? 이는 우리가 공부할 때 숲을 먼저 보지 않고 나무를 먼저 보았기 때문이다. 깊은 숲속에 들어가서 나무 한 그루를 보고 전체 숲을 짐작할 수 없는 것, 혹은 눈을 가린 사람이 코끼리 다리만 만져보고 코끼리를 그릴 수 없는 것과 같다.

공부할 때는 반드시 전체를 총괄할 수 있는 '시스템 공부법'을 활용해야 한다. "진짜 열심히 했는데 이해가 잘 되지 않아요"라는 말은 시스템 학습을 하지 않았다는 뜻으로, 쉽게 말해 공부하는 요령, 공부의 기술이 없다는 소리다. 공부는 요령 피우지 말고 진득하게 해야 한다고? 여기서 말하는 요령은 잔꾀를 부리는 것과는 다르다. 공부란 결국 언어로 이루어진 정보의 바다에서 내가 필요한 요소를 효율적으로 흡수해내고, 내가 아는 만큼 효율적으로 표현해내는 과정이다. 이를 수월하게 해낼 수 있다면 공부의 기술을 익혔다고 할 수 있다.

시험 시간을 떠올려보자. 시험지에 긴 지문과 문항들이 빼곡하게 적혀 있다. 대부분의 사람은 지문을 먼저 읽고 문제를 풀고는 한다. 그런데 이렇게 하면 각 문제의 답을 찾기 위해서 지문을 다시 확인해야 하는 상황이 다가온다. 반면 문제를 먼저 살피고 지문을 읽을 때는 알아내야 할 정보가 무엇인지 정확히 알고 있으니 한 번에 답을 찾을 수 있다. 지금 말한 방법은 아주 사소한 것에 속한다. 진짜는 따로 있다. 이제부터 학교에서는 가르쳐 주지 않는 고효율 공부 기술을 알아보자.

1회독, 2회독… 갈수록 속도가 붙는다

한 권의 책을 온전히 내 것으로 만드는 과정을 예로 들어보

자. 책이 아닌 강의를 통해 배우는 경우도 있지만, 대부분 교재를 병행해서 활용하고 있을 것이다. 또한 교재 없이 강의만 듣는 경우일지라도 전체 강의를 한 권의 책이라고 생각하고 응용하면 된다. 시스템 공부법은 '훑어보기—질문하기—공부하기—기억하기'의 단계로 구성되어 있다. 각 단계는 다음과 같이 진행된다.

Step 1. 훑어보기 ─
고속 스캐너처럼, 고성능 카메라처럼

가장 우선해야 할 일은 훑어보기, 즉 사전 검토다. 이는 교재를 자세히 파고들기 전에 중요한 부분만 먼저 살피고 미리 그 내용을 생각하여 전체 뼈대를 세우는 단계다.

우선 교재의 앞표지를 관찰하고 느낌을 기억한다. 앞표지만 보아도 함축된 5퍼센트의 정보를 얻을 수 있다. 또한 대부분의 책은 뒤표지에서 책의 효용성을 간략히 소개한다. 이러한 정보는 우리가 나아가야 할 공부 방향을 제시한다.

또한 서문도 빠뜨리지 않고 읽어볼 가치가 있다. 여기에는 학습자에게 전달하고 싶은 핵심 조언이 담겨 있다. 다음으로 차례를 펼쳐 크고 작은 제목을 읽고, 페이지를 빠르게 넘기며 역시 제목을 위주로 시선을 이동한다. 이를 통해 전체 내용을 짐작해본다.

삽화, 사진, 도표는 이해를 돕는 매우 중요한 정보다. 대부분의 교재는 소설책과 달리 이미지 정보가 풍부한 편이지만, 만약 그렇지 않은 교재라면 문자로 채워진 페이지에서 중요 키워드를 찾아본다. 문장을 깊이 읽지 말고 중요하다고 직감되는 단어를 찍는다. 이때 '눈으로 사진을 촬영한다'는 느낌을 떠올려보자. 이 기법을 포토 카피라고 부른다. 이렇게 하면 교재 한 권을 넘기는 데 3분밖에 걸리지 않는다. 사진이나 도표가 있는 페이지는 사진과 도표를 중심으로, 보조 자료가 없는 페이지는 특정 단어를 중심으로 직관적으로 보면서 빠르게 한 권을 읽어 내 공부의 뼈대를 세운다.

이제 같은 책을 다시 한 번 읽어볼 차례다. 이때는 흔히 말하는 속독 느낌으로 진행한다. 이해도를 60퍼센트 이상으로 높이겠다고 목표를 세우고 전체를 다시 읽는다. 내용이 어려우면 이 과정을 두세 번 반복할 수 있다. 그러면 전체 윤곽이 드러나게 된다. 공부의 신으로 불린 사람들은 하나같이 정독으로 공부하기 전에 속독을 반복해 전체 내용을 사전 검토했다는 사실을 반드시 기억하자. 충분히 검토했다면 눈을 지그시 감고 방금 보았던 교재의 모든 정보를 머릿속으로 종합해본다.

Step 2. 질문하기 — 목적지를 찾기 위한 과정

다음으로 질문하기에 들어가자. 이는 질문을 통해 목적을 정하는 단계다. 훑어보기 단계에서 활성화한 정보를 바탕으로 교재의 제목이나 소제목과 관련 지어 그 과목의 중심 내용이 무엇인지, 학습목표가 무엇인지, 이 내용을 왜 공부해야 하는지 마음속으로 물어야 한다.

제목은 대개 글의 중심 내용을 담고 있다. 교재라면 이 원칙에서 더욱 벗어나지 않는다. 그러니 제목과 관련된 질문을 스스로 만들고 질문에 대한 답을 찾으며 목적을 정한다면 학습자는 배워야 할 내용에 더욱 섬세히 집중하게 된다. 또 질문을 스스로 던져봄으로써 학습자 자신의 배경 지식을 적극 활용해 능동적으로 탐색할 수 있다.

차례에 나오는 제목을 질문으로 바꾸어보며 내가 무엇을 공부하려는 것인지 목적을 정한다. 제목과 관련하여 궁금한 것이나 지적인 호기심이 발생했다면 메모해보자. 또한 교과서나 수험서에서 단원마다 등장하는 '학습 목표'를 내가 찾아낸 질문과 비교해보자. 자신이 올바른 방향을 향하고 있는지 확인해볼 수 있다.

step 3. 공부하기 — 몰입을 통해 느끼는 기쁨

몰입을 통해 자세히 공부하는 단계에 도착했다. 이 단계에서는 교재를 처음부터 끝까지 차분하게 살펴야 한다. 집중을 넘어 몰입한다는 자세로 단어의 의미나 글의 내용을 하나하나 확인하고 파악해보자.

우선 중심 내용과 스스로 제기한 질문에 관한 내용을 자세히 읽는다. 훑어보기 단계에서 만들어놓은 뼈대에 살을 조금씩 붙여 커다란 작품을 완성한다는 느낌이다. 각 문단에서 기억해야 할 핵심 용어나 구절, 고급 어휘는 별도로 표시를 하거나 메모하여 노트 정리를 한다.

책을 통한 공부란 마음속으로 저자와 만나는 과정이라고 할 수 있다. 몰입을 통하면 이성으로 지식을 받아들일 뿐만 아니라 감성을 통해 감동을 전달받기도 한다. 딱딱해 보이는 수험서일지라도 그 속에서 나보다 먼저 같은 길을 걸었던 선배인 저자의 조언을 통해 새로운 지식 체계를 엿보게 된다는 기쁨을 느낄 수 있다.

step 4. 기억하기 — 세종대왕의 백독백습

마지막으로 기억하기 단계에 들어섰다. 이 단계에서는 학습한 내용을 머리에 저장할 뿐만 아니라 저장된 지식을 꺼내어 쓰는 활동까지 마무리해야 한다. 아무리 주옥같은 정보를 꿰고 있어도 시험에서 활용하지 못한다면 도로 아미타불이다.

우선 내가 공부한 교재로부터 가져가야 할 모든 유용한 지식을 저장해야 한다. '문자는 기억되지 않는다'라는 명언이 있다. 아주 어릴 때 읽었던 동화책을 떠올려보자. 그 책의 문장, 단어, 글자를 기억하는가? 특별한 재능을 가진 사람이 아니라면 '아니오'라고 답할 것이다. 그러나 우리는 분명 그 책에서 떠올렸던 장면과 그 책이 준 감동을 기억한다. 기억법의 핵심은 여기에 있다. 기억은 우뇌를 활용해서 만들어진다. 그런데 좌뇌는 문자, 우뇌는 이미지의 영역이다. 양쪽 두뇌를 고르게 활용하는 사람이란 좌뇌로 텍스트를 받아들여서 우뇌로 가공하는 사람이다. 기억해야 할 핵심 단어는 반드시 그 주변에 그림

62

으로 시각화해놓는다. 그림을 많이 그릴수록 반복해서 공부할 때마다 정보가 머릿속으로 활발히 저장되고, 나중에 꺼내 쓰기도 쉬워진다.

필요하다면 공부한 내용을 요약 정리한다. 마인드맵 기법을 응용하거나 영상화한 기록을 남겨볼 수도 있고, 교재가 아닌 형태의 책을 통해 공부했다면 독후감을 써볼 수도 있다.

지금까지의 과정은 '되는 대로 흘러가는 공부'가 아니라 '뚜렷한 목적에 따른 공부'다. 앞선 단계에서 스스로 제시했던 질문에 충분한 답을 얻었는지 확인하고 만일 답이 충분하지 않다면 그 이유는 무엇이며 어떻게 그 답을 구할 수 있는지 알아본다. 필요하다면 일부분을 다시 공부할 수 있다. 비판적으로 지식을 습득하는 과정을 통해 학습의 고급 단계로 이동해야 한다. 또한 같은 내용에 대해서도 가르치는 사람마다 다루는 방법이 다르니 다양한 교재와 강의를 동시에 접해 나만의 관점을 세워도 좋다.

여기까지 해냈다면 이제 시험 보는 날까지 반복하는 일만 남아 있다. 반복 학습의 중요성에 대해서는 충분히 설명했다.

몰입공부를 통해 학습에 가속도가 붙는 경험을 한 어느 예비군 장교가 떠오른다. 그는 예비군 중대장 시험을 준비하고 있었다. 향토예비군법 등 다섯 과목으로 구성된 이 시험은 경쟁률이 매우 높아 퇴역 장교 사이에서는 '국방고시'로 통하는 쉽지 않은 시험이었다. 문제는 이 장교가 반드시 수석으로 합격하기를 원했다는 점이다. 그래야 원하는 지역에 배치될 수 있고 가족과 함께 생활할 수 있었다.

그는 3개월 동안 수시로 나를 찾아와 몰입공부를 훈련했다. 내용을 아주 빠르게 읽고 반복하는 방법을 통해 한 과목당 백 번의 복습을 거쳤다. 어떻게 백 번이나 되풀이할 수 있겠냐며 과장이 아니냐고 물을지 모른다. 하지만 가속도가 붙는다면 가능하다. 그는 처음에 핵심 단어를 찾아 그림으로 그려내는 것을 무척 어려워했다. 그러나 나중에는 가속도가 붙어서 수월하게 공부에 임할 수 있었다. 수석이라는 목표를 달성한 그는 현재 원하는 지역에서 근무하며 동시에 행복한 가정을 꾸리고 있다. 성군이자 훌륭한 학자이기도 했던 세종대왕은 '백독백습'이라 하여 백 번을 읽고 백 번을 쓰며 공부했다고 한다. 반복,

또 반복하는 것이 가장 뛰어난 공부법이라는 사실을 역사 속에서도 확인할 수 있는 것이다.

구체적 목표 없는 수험 생활은 무의미한 육체노동

다른 사람이 하는 만큼만 해서는 변화가 없다

내 인생에서 가장 중요한 시험은 무엇일까? 누군가는 수능이라고 답하고 누군가는 국가고시라고 답하며, 또 다른 이는 입사 시험이라고 답할지도 모른다. 인터넷 커뮤니티에 들어가면 각종 시험을 준비하는 수험생들이 쏟아낸 고민으로 가득하다. 그런데 정작 학습에 도움이 되는 실질적 방법을 제대로 알려주는 이는 그리 많지 않다.

현실을 냉정하게 살펴보자. 중요한 시험을 앞두고 열심히 공부하지 않는 사람이 어디 있겠는가? 저마다 최선을 다할 것이다. 그렇다면 똑같은 방식으로 똑같은 시간 동안 공부한다고 해서 성적이 크게 오를 수 있다며 장밋빛 희망을 가져도 될까? 실제로 큰 시험을 1년 정도 남기고 성적 향상을 이뤄내는 사람은 채 10퍼센트가 되지 않는다. 나머지는 별반 차이가 없거나 자기 관리에 실패한 나머지 후퇴를 맛보기도 한다. 그렇다면 어떻게 해야 지금의 내 성적에서 벗어날 수 있을까?

꼴지를 특등사수로 키워낸 미국 해병대

인간은 모두 동일한 신경 체계를 가졌다고 한다. 누군가 어떤 훌륭한 성과를 냈다면 나도 그 사람과 같은 방법을 이용해 그 성과를 달성할 수 있다는 뜻이다. 미국 해병대 훈련소에서 일어났던 특등사수 모델링에 대한 일화가 있다. 백 발을 쏘면 백 발을 모두 과녁에 명중시킬 수 있는 특등사수가 있었다. 해병대 훈련 지휘본부에서는 고민했다. '어떻게 하면 모든 해병대원이 저 특등사수처럼 사격을 잘하게 될까?' 골똘히 연구하던 중, 사격 점수가 저조한 스무 명을 선발해 특등사수의 모든 생각과 행동을 완벽히 따라 하도록 지시했다. 특등사수가 잠을 자면 모두 잠을 잤고, 밥을 먹으면 모두 밥을 먹었다. 그리고 6개월이 지났다. 놀라운 일이 벌어졌다. 스무 명 전원에게 사격시험을 실시했는데 한결같이 특등사수처럼 사격의 달인이 되었다.

그런데 이런 경험은 우리도 모두 겪어봤다. 바로 말을 배울 때다. 어린 아이는 부모가 하는 말을 끝없이 따라한다. 또한 일본은 선진국이 이루어낸 수준 높은 기술을 똑같이 따라 하면서 경제를 눈부시게 발전시켜왔다. 중요한 시험을 앞두었다면 합격한 사람의 스토리나 학습법을 본보기로 삼고 나에게 맞춰 모델링해야 한다. 성공 확률을 높이는 아주 중요한 전략이다.

성공한 3퍼센트 학생의 비밀

공부를 시작하기 전에 구체적 목표가 없다면 태평양 한복판을 표류하는 난파선에 나침판이 없는 것과 같다. 1953년, 미국 명문대로 꼽히는 예일 대학에서 시작된 유명한 연구가 있다. 졸업을 앞두고 있는 학생들에게 이런 질문을 던졌다.

"앞으로 사회에 나가면 어떤 일을 하고 어떤 목표까지 갈 것인가?"

연구진은 학생들의 답변을 기록하고 관찰해 놀라운 결과를 발견했다. 87퍼센트의 졸업반 학생은 장래에 대하여 구체적 목표를 설정하지 않았다. 10퍼센트의 학생은 구체적이지는 않지만 대략적인 목표가 있었고 나머지 3퍼센트의 학생만이 구체적 목표를 종이에 적어 간직하고 있었다.

연구진은 1953년에 졸업한 이 학생들이 20년 후 어떻게 생활하고 있는지 추적하고 조사했다. 사회적 명예와 직업적 성공, 재정 상태 등 모든 측면에서 구체적 목표를 설정한 3퍼센트

학생이 나머지 97퍼센트 학생의 모든 성취를 합한 것보다 훨씬 높은 발전을 이루었다는 사실이 확인되었다. 1979년 하버드 대학에서도 비슷한 실험이 실시되었는데 역시 비슷한 결과가 나왔다. 이처럼 구체적 목표를 세운다는 것은 성공으로 가는 확실한 지도를 얻는 것과 같다.

그럼 구체적 목표는 어떻게 세우는가? 목표에 한계란 없지만, 그렇다고 터무니없는 목표를 설정하면 에너지 고갈만 가져온다. 언제까지 무슨 과목을 어떻게 공부할지 가능하면 구체적으로 작성하는 정도가 적절하다.

단, 명심할 점이 있다. 목표는 확인 가능한 점수를 '숫자'로 정해야 한다. 점수로 기록되지 않는다면 발전하는 의미가 없다. 작은 성공은 큰 성공으로 성장한다는 것을 잊지 말자. 시험 날을 향해서 달려가는 동안 정기적으로 목표를 검토하고 이미 이루어진 성과에 대하여는 스스로 아낌없이 칭찬해보라. 목표 설정 없는 수험 생활은 그저 단순한 육체노동일 뿐이다.

단 3초면 몰입의 경지에 오르는 스님

시간은 만인에게 공평하다. 그런데 누군가 성적이 오를 동안 다른 사람은 가만히 머물러 있다. 여러 가지 요인이 있겠지만 집중력은 중요한 원인이다. 집중력은 수많은 대상 중 한 가지 대상을 정확하게 볼 수 있는 힘이다. 여기서 더 깊이 들어가면 몰입이 시작된다. 그러면 집중 상태에서 보았던 대상의 근원까지도 포착할 수 있다.

집중에서 몰입 상태로 넘어가면 통상 열 배 이상의 집중 강도가 실현된다. 공부 좀 해봤다는 수험생치고 집중하지 않는 사람은 없을 것이다. 그러나 그 정도의 집중은 다른 경쟁자도 하고 있다. 이제는 한계를 뛰어넘어 몰입 속에서 공부해야 한다. 마음속 생각만으로 누구든지 몰입에 들어갈 수 있다.

수년 전, 하안거를 마친 한 스님이 찾아오셨다. 하안거란 하계 기간 동안의 수도를 뜻한다. 이 스님은 불교 학문에 정진

하고 계셨는데, 일반인은 읽기조차 어려운 책을 배낭 한가득 담아 오셨다. 한글은 별로 보이지 않고 어려운 한자로 가득했다. 스님은 몰입을 통해 독서 효율을 높이는 훈련을 받고 싶다고 하시며 자신이 가져온 책으로 연습하겠다고 하였다. 보통 초보 단계에서는 아주 쉬운 동화책으로 시작해야 하는데, 전문 서적으로 연습하겠다는 말씀에 걱정이 들었다. 하지만 이는 기우였다.

스님은 단 3초면 집중의 최고 경지인 몰입에 들어가는 능력을 이미 가지고 계셨다. 평상 시 꾸준히 수련하면 마음먹기에 따라 언제든지 3초 안에 '삼매'에 들어갈 수 있다는 설명을 덧붙여주셨다. 결국 이 스님은 3일 만에 원하던 훈련을 마칠 수 있었고, 나중에는 상상을 초월하는 정보 처리 능력을 보여주셨다. 이런 능력을 갖춘다면 그 어떤 시험도 나의 미래를 막는 장애가 되지 못하리라.

나는 내가 통제한다

미국 스탠퍼드 대학 월터 미셸Walter Mischel 박사는 4살 꼬마 아이들을 상대로 심리 실험을 했다. 그 유명한 '마시멜로 테스트'다. 빈 교실에 아이 한 명을 앉혀놓고 맛있는 마시멜로를 보여준다. 그리고 이렇게 주문한다. "15분 후에 내가 돌아올 때까지 이 마시멜로를 먹지 않고 기다리면 더 많은 마시멜로를 줄게." 이제 아이를 제외한 모든 사람은 교실을 나간다. 그리고 15분 동안 아이들이 어떻게 행동하는지 관찰했다. 어떤 아이는 참지 못하고 먹어치웠지만, 어떤 아이는 15분을 기다려 더 많은 마시멜로를 먹을 수 있었다.

진짜 재미있는 것은 이제부터다. 이 아이들을 15년 후에 다시 만났다. 유혹 앞에서 인내했던 아이들은 성인이 된 후 다른 아이들보다 학업 성취, 건강 상태, 사회 적응, 가족 관계 등에서 월등히 좋은 결과를 보였다.

글에 집중하고 몰입하기 위한 명상 훈련은 독해력을 길러

줄 뿐만 아니라 인내심을 극대화시킨다. 명상 중에 코가 만지고 싶어도 참고, 머리를 긁적이고 싶어도 참는다. 마치 '즐겁게 춤을 추다가 그대로 멈춰라!'라는 노랫말과 같다. 모든 훈련이 그렇듯 처음에는 잘 되지 않지만 매일 같이 반복하면 자신의 마음을 자유롭게 통제할 수 있다는 사실을 느낄 수 있다.

마음을 통제하는 기술은 공부를 시작하는 사람에게 꼭 필요한 능력이다. '나는 오늘 이만큼 진도를 나가겠다'고 마음먹기만 하면, 그대로 이루어지는 기적이 생긴다. 얕은 유혹에 빠지지 않고 마음을 컨트롤하면 공부가 어렵지 않다. 반드시 목표를 이루겠다는 생각을 오랫동안 유지할 수 있다. 명상은 몰입으로 가는 가장 빠른 길이다. 고요함 속에 마음을 통제하는 기술을 터득하게 된다는 점은 부수적으로 얻어지는 기쁨이다.

드러나지 않은 잠재력을 깨워라

공부를 제대로 하려면 온갖 유혹에서 벗어날 수 있는 의지가 필요하다. 스스로를 관찰하고 자신에 대해 깨달으며, 나의 미래를 내다보는 힘을 가져야 한다. 외부의 자극과 심연의 흔들림에서 자유로워지려면 어떻게 해야 할까? 명상이 우리에게 큰 도움을 준다. 마음이 고요하면 고요해질수록 미세한 변화도 감지하게 되고 세상을 보는 눈과 귀가 열린다. 학습에서의 질적 향상이 일어나고 문제 하나를 풀어도 단순히 정답을 맞히는 것이 아니라 그 과목의 오묘한 이치를 체감하게 된다. 출제자가 파놓은 함정이 있어도 빠지지 않고 정답을 찾게 됨은 물론이다.

명상은 이미지 트레이닝과도 맞닿아 있다. 장미란 선수가 이미지 트레이닝으로 세계 신기록을 수립했듯이 내가 원하는 시험에 합격하는 모습을 구체적으로 그려보자. 어떤 방식으로 공부하고 휴식할지, 과목별로는 어떻게 대비할지, 시험 보는 날의 마음 자세는 어떻게 해야 할지 마음속으로 반복해서 떠올리기만 해도 무의식적으로 그 모습처럼 공부하게 된다.

리처드 바크Richard Bach의 소설 《갈매기의 꿈》에 나오는 갈매기 조나단도 그랬다. 조나단이 갈매기 무리를 이끌고 더 멀리 비행하는 훈련을 지도할 때 '너는 이 힘든 훈련을 어떻게 이겨냈느냐'고 누군가 묻자 이렇게 답한다.

"훈련할 때마다 내가 정한 목표에 이미 도착한 멋진 모습을 상상했어. 그랬더니 생각은 곧 현실이 되었지."

모든 학습은 '읽기'로 시작해 '읽기'로 끝난다

말만 잘하는 사람, 글도 잘 읽는 사람

어떤 사람이 공부를 잘하는지 못하는지 쉽게 구분할 수 있는 방법이 있다. 책을 한 권 읽고 글을 써보게 하거나 그 책에 관한 질문을 던져보면 된다. 독해 속도를 함께 측정하면 더욱 정확하다. 공부 능력을 알아내는데 왜 독해를 시켜보냐고 묻는다면, 이렇게 답하겠다. '모든 공부의 기본은 읽기다.'

그래서일까? 공부 잘하는 학생은 독서 후 이해도도 높다. 독해 능력이 좋은 사람은 초등학생 시절에 대학생 정도의 사고 능력까지 갖추기도 한다. 직접 지도했던 한 초등학생이 칼 마르크스Karl Marx의 《자본론》을 읽고 "자본주의의 절대 권력은 무엇인가요?"라고 질문해 깜짝 놀랐던 일화가 있다. 어린이를 위해 쉽게 풀어 쓴 책이기는 했지만, 나이를 감안하면 상당한 지적 수준이다. 지금 이 학생은 명문대학에 합격해 의사가 되기 위한 길을 걷고 있다.

한 가지 덧붙일 것이 있다. '말'을 잘하는 능력은 성적과 직접적인 관련이 없을 수도 있다. 주변에서 청산유수로 불리는 사람을 보았을 것이다. 그런데 이들이 모두 뛰어난 학업 성취를 보이지는 않는다. 대부분의 큰 시험에서는 귀동냥으로 얻은 얕은 지식이나 자신만의 체험을 통해 획득한 편향된 지식을 평가하지 않기 때문이다. 말은 잘하지만 성적은 떨어지는 학생은 TV 예능 프로그램을 즐겨보는 등 주로 학습과 거리가 먼 취미를 가지고 있으며, 활자와는 친하지 않다. 글과 친하지 않으니 교과서를 읽고도 소화하지 못하고 다른 교재를 봐도 그렇다.

물론 뛰어난 언변은 아주 유용한 재능이다. 하지만 시험을 준비하는 수험생에게는 말보다 글이 우선이다.

수학 성적도 독해력에서 나온다

수학 시험을 볼 때, 기초만이라도 공부했다면 단순 계산을 못하는 일은 거의 일어나지 않는다. 점수는 사고력을 요하는 문제에서 결정된다. 영미는 시속 2킬로미터로 걸을 수 있고, 영수는 시속 4킬로미터로 걸을 수 있다거나 두 사람이 서 있는 위치가 다르다거나 하는 조건이 잔뜩 등장하는 문제가 바로 성적을 가르는 지점이다. 이런 수학 문제를 푸는 과정은 마치 한 권의 책을 읽는 것과 같다. 등장인물을 파악하고 사건의 흐름을 추적해야 한다. 책속에서 어떤 방식으로든 갈등이 해결되면서 이야기는 막을 내린다. 수학 문제가 해결되는 과정도 그러하다. 다만 숫자와 수식으로 표현되었을 뿐이다.

수년간 여러 학생을 지도하면서 몰입공부를 통해 독해력

이 높아지면 아이큐도 바뀐다는 사실을 알았다. 이는 아직 성장 중인 어린 학생에게서 더욱 두드러지게 나타나는 현상으로, 1년 정도 훈련을 하고 나면 평균 20 정도의 지수가 향상되었다. 아이큐 20이면 엄청난 차이다. 독해 훈련의 무엇이 지능 개발까지 불러왔을까? 비밀은 좌뇌와 우뇌를 모두 사용하는 몰입 공부에 있다. 글자를 읽으며 이를 하나의 이미지로 인식하고, 머릿속에 기억하며 이를 자기 것으로 만드는 과정이 두뇌를 발달하게 한다.

학습된 무기력에서 탈출하라

억지로 학원을 찾거나 인터넷 강의를 꾸역꾸역 듣는 학생이 있다. 처음에는 분명히 열심히 공부해보려는 마음이 있었을 텐데, 어느 새 다짐은 무너지고 눈빛도 흐려진다. 그러다 보면 포기라는 가슴 아픈 결정을 내리기도 한다. 어느 순간부터 학습에 대한 자신감이 결여되고, 자꾸만 뒤로 물러나는 일이 반복되다가 벌어지는 결과다. 이를 지칭하는 용어가 있다. 학습된 무기력learned helplessness이다.

학습된 무기력이 얼마나 무서운 적인지 보여주는 이야기가 있다. 어린 야생 코끼리를 잡아 길을 들일 때, 어린 코끼리의 발에 두꺼운 쇠사슬을 감아 단단한 기둥에 묶는다고 한다. 그럼 힘이 약한 어린 코끼리는 절대 도망가지 못한다. 몇 날 며칠을 울부짖으며 발버둥 쳐도 쇠사슬을 벗기란 불가능하다. 강하게 움직일수록 쇠사슬은 다리를 조인다. 시간이 지나면 어린 코끼리는 이렇게 생각한다. '애를 써봤자 풀려나지도 못하는데 다리만 아파오는구나.'

이 단계가 되면 어린 코끼리는 발이 묶인 자기 처지를 인정하고 인간에게 순응한다. 여기까지가 보통 일주일쯤 걸리는데, 이후에는 발버둥도 치지 않고 인간이 주는 먹이를 받아먹으며 도망갈 생각을 하지 않는다. 이제 쇠사슬을 얇은 끈으로 바꾸어보자. 이 끈은 사실 아기 코끼리가 힘만 주면 충분히 끊을 수 있다. 하지만 이미 무기력을 학습한 아기 코끼리는 끊으려는 시도조차 하지 않는다.

이는 심리학자 마틴 셀리그만^{Martin Seligman}이 동물을 대상으로 회피 학습 조건 형성을 연구하면서 발견한 현상이다. 지금의 어려운 상황을 극복할 수 없는 환경에 장시간 반복적으로 노출되면 의지력이 상실되고, 이로 인하여 탈출할 수 있는 상황이 다가와도 스스로 포기하게 된다. 학습된 무기력은 실패할 것이라는 두려움에서 탄생한다. 공부를 포기하는 것도 공부에 대한 두려움에서 출발한다. 그리고 그 시발점은 교과서나 교재를 '읽는 활동'에서 찾을 수 있는 경우가 많다.

그런데 이런 상황에서 읽기 능력을 기르겠다며 텍스트를 읽고 아주 세세한 내용까지 찾아내려는 경우가 있다. 훈련되지 않은 대부분의 사람은 세밀한 내용까지 포착하기가 쉽지 않다. 하물며 이제 막 공부에 맛을 들이려던 참이라면, 이런 집착은 형벌과도 같은 고통이다. 고통이 지속적으로 반복될수록 읽기와 공부에 대한 무기력감이 자라고 흥미를 잃어가기 시작한다. 쇠사슬에 묶인 코끼리가 탈출하기를 포기했던 것처럼 말이다. 독해 능력 및 성향은 개인의 두뇌 개발 정도나 유전적 기질에 따라 서로 다르다. 이런 차이를 이해하지 못하고 무조건 완벽하게 읽으려고만 한다면 가지고 있던 잠재력을 발휘하지 못하고 공부에 손을 놓게 된다. 학습된 무기력에서 탈출하는 최고의 명약은 자신감이다. 다음 내용을 잘 새기도록 하자.

- 자신의 수준에 맞는 텍스트부터 읽기 시작한다.
- 아직 초보라면 너무 세세한 내용에 집착하지 않는다.
- 정보만 읽지 말고 느낌과 감정을 마음에 그리도록 한다.
- 단 10분이라도 좋다. 글 읽는 습관을 들인다.
- 동기 부여가 필요하다면 구체적인 목표를 설정해보자.
- 체계적으로 읽기 훈련을 받는 것도 좋은 방법이다.

읽기는 모든 공부의 기본이다. 하지만 독해 능력을 향상시키는 것은 의외로 어렵지 않다. 학습된 무기력에서 탈출하고, 나아가 효율적인 공부를 할 수 있도록 실질적인 훈련을 시작해보자.

독해 습관은 어릴 때
완성될까?

일흔을 앞둔 늦깎이 학생의 도전기

'읽기'가 잘되지 않아 고민인 사람을 상담할 때가 종종 있다. 때로는 인터넷에서 댓글을 달아 답변을 남기기도 한다. 그런데 이런 질문이 가끔 있다. "성인을 대상으로 하는 교육법이 따로 있나요? 성인은 어디에서 배워야 하죠?" 흔히 읽기법은 초등학생이나 배운다는 편견이 있다. 학원이나 강좌를 찾아봐도 열 살 남짓한 아이들을 대상으로 수업이 열린다. 게다가 '읽기는 어릴 때 굳어진 습관이 평생 간다'는 답변이라도 들으면 수능이나 공무원 시험, 고시를 앞두고 독해 능력을 키우려던 이들은 자포자기하는 심정을 품게 된다.

수년 전 만났던 김소담 선생님의 이야기를 들려주고 싶다.

이분은 당시 일흔을 얼마 남기지 않은 연세였다. 첫 인상은 어느 시골에나 계실 듯이 순수하고 친근한 할머니였지만, 사실은 문학 활동을 하는 문인이었다. 어릴 적에는 완고한 부모님 밑에서 여러 형제와 자라며 중학교도 채 나오지 못했다고 한다. 그러고는 환갑이 되어갈 즈음에야 공부를 시작해 늦깎이로 등단을 하고 작품을 쓰기 시작했다.

오랜 시간 미뤄둔 꿈인 만큼 더 열심히 하고 싶으셨던 것일까? 열정이라면 누구에게도 밀리지 않는 김소담 선생님은 좋은 글을 쓰기 위해 더 많은 독서를 빠르게 하기 원했다. 1년에 150권을 읽고 싶다고 하셨다. 그래서 내 수업을 찾아오신 것이다. 매주 한 번씩 만나 훈련했다. 독해 속도가 조금씩 늘더니 세 달이 지나자 독서를 10배나 빠르게 할 수 있었다.

이처럼 읽기 습관은 나이와 상관없이 바뀐다. 아주 고령이라면 약간 못한 성과를 보이기도 하지만, 훈련 효과가 있다는 점은 확실하다. 그런데 왜 10대 후반이나 20대 초반만 되어도 '나는 이제 틀렸구나'라고 생각하게 될까? 그 답은 트라우마에 있다. 책이 망망대해처럼 느껴져서 두렵고, 분명히 읽었는데 머리에 남지 않는 경험을 반복하게 되면 책 읽기에 겁을 먹게 된다.

이럴 때일수록 편안한 마음을 가져야 한다. 자신의 고민을 토로하며 "저는 대체 왜 이럴까요?"라고 묻는 사람이 있다. 그럼 "아무 문제가 없으셨다면 제게 오지도 않으셨겠죠?"라고 되묻는다. 훈련을 거치지 않은 초보자가 독해를 어려워하는 것은 당연한 일이다. 고난도의 교재나 책을 읽기 전에 유치원 수준의 동화를 한 편 읽어보자. 책 한 권을 읽어야 한다는 부담감이 누그러진다.

고등학생 혹은 성인 정도의 나이면 적어도 10년 이상 자기만의 독서 습관과 정보 처리 습관을 유지해왔을 것이다. 이렇게 고유한 독서 속도를 넘어서면 두뇌 기능이 현저하게 저하되어 글을 읽고도 아무런 인식을 할 수 없게 된다. 이때는 두뇌

안정화 기법이 필요하다. 천천히 읽으나 빨리 읽으나 이해도와는 아무런 영향을 미치지 않는 책, 즉 이미 알고 있는 쉬운 책을 선정하는 것이다. 전래동화라면 이미 그 내용이 익숙하기 때문에 5분 동안 읽으나 30초 만에 읽으나 아무런 차이가 없고, 그럼 빠르게 책을 읽으면 이해가 되지 않을 것이라는 트라우마에서 벗어나게 된다.

동화책을 통해 훈련을 5~10번 반복해보았다면 트라우마를 극복했는지 확인해보아도 좋다. 이번에는 처음 보는 쉬운 책을 빠른 속도로 읽는 것이다. 글자가 눈에 들어오면서 전체 줄거리를 기록할 수 있는 정도로 이해했다면 성공이다. 그렇지 않다면 반복해서 연습하면 된다. 이렇게 작은 성공의 씨앗이 싹을 틔우면 그 이후에 큰 나무로 성장하는 일은 일사천리로 진행된다. 결국 심리적 저항을 얼마나 빨리 줄일 수 있는지가 성공의 핵심 열쇠다.

3장

계획은 완벽했다, 무너지기 전까지는

학습 효율을 결정하는
'속도'

하루도 성공하지 못할 계획

수많은 과목에 둘러싸인 수험생이나 묵직한 법전을 읽어야 하는 법학도라면 절실한 고민을 한 가지 품고 있다. '읽고 공부하는 속도를 높여야 한다'는 것이다. 어디 생각만 했겠는가. 아마 한 번쯤은 실행도 해봤을 것이다. 어느 날 아침, 책상 앞에 앉은 한 학생의 이야기를 들어보자.

'이 책이 600쪽인데 두 달 안에 끝내야 하니까⋯ 하루에 10쪽을 봐야 하는구나. 그런데 이런 과목이 다섯 개니까 오늘의 목표는 모두 합해 50쪽. 좋아, 이 정도면 해볼 만 하다!'

　이 학생은 구체적 목표를 세우고 실현하려는 시도를 했다. 아주 훌륭한 자세. 칭찬할 만하다. 그렇다면 결과는 어떠했을까? 오후 무렵, 이 학생을 다시 찾아가보자.

'큰일 났다. 50쪽이 절대 가벼운 양이 아니었어. 소설책도 하루에 50쪽을 읽어본 적이 없는데 내가 너무 무리했구나.'

　안타깝게도 이 학생의 시도는 하루 만에 좌절되었다. 그래도 반드시 공부해내고야 말겠다는 의지로 인터넷에서 접속해 수험생 게시판에 글을 남긴다.

제목: [긴급] 글 빨리 읽는 법 있나요?

내용: 시험이 6개월 남았는데 진도가 안 나가져요. 도와주세요.

오랜만에 인터넷을 접속하니 집중이 깨진다. 포털 사이트에 가서 실시간 검색어도 둘러보고, 재밌는 글도 몇 개 본다. 이상하게 이런 글은 술술 읽힌다. 한참 뒤 게시판에 돌아와 '새로 고침'을 연타하던 중 다른 사람이 남긴 답변에서 링크를 하나 발견한다. 또래 학생이 어느 예능 프로그램에 속독의 달인으로 출연했다는 내용이다. 그런데 아무리 봐도 따라 할 수준이 아니다. 어떻게 저런 일이 가능한지 감도 잡히지 않는다. 어쩐지 화가 나서 댓글을 단다. '님들, 이거 완전 사기 아닌가요?'

아무것도 묻거나 따지지 말고

마음만 급하다고 독해 속도가 올라가지는 않는다. 가장 큰 원인은 몰입독해를 하기 위해서 수많은 실전 경험이 필요하다는 데 있다. 시폭이 넓어져 한 번에 볼 수 있는 글자 수만 늘어난다고 독해가 술술 되지는 않는다. 초보자가 기존의 독해 패턴을 뛰어넘으려고 하면 두뇌에서는 바로 거부 반응을 일으킨다. 이는 지극히 당연한 결과지만 나도 모르게 '이거 왜 이러지? 내용이 눈에 안 들어오네. 난 머리가 따라주지 않나봐'라고 생각하기도 한다.

그렇다면 해결책은 무엇일까? 바로 자신과의 싸움이다. '나는 몰입독해를 처음 배우는 초심자다'라는 사실을 잊지 말자. 그리고 반드시 일정한 숙련 기간이 필요하다는 점도 인정하자. 현재의 내가 지닌 독해 습관은 반복을 통해 학습된 결과물이다. 그렇다고 독해 훈련에 마냥 시간을 투자하며 1년, 2년 보낼 수는 없다. 우리의 최종 목표는 공부와 합격이기 때문이다. 최대한 짧은 기간 내에 훈련을 마치되 그동안에는 긍정적인 마음가짐을 유지하자. 몰입독서 단기반을 운영할 때, 일주일 코스의 훈련 중 처음 4일간은 읽은 책 내용을 묻지도 따지지도 않는다. 꼼꼼히 읽어야 한다는 부담감을 버리게 하려는 목적이다. 그리고 열 살 미만 아이들이 읽을 만한 아주 쉬운 책 한 권을 본인이 만족할 만큼 거듭해서 읽게 한다. 그러면 내용에 대한 집착이 사라져 빠르게 독해하는 패턴이 형성된다.

이렇게 반복 또 반복 훈련을 하면서 자신감을 찾는 과정이 매우 중요하다. 결론을 요약하자면, 아주 쉬운 텍스트를 이용해 자신과의 싸움에서 작은 승리를 맞는 것이다. 그러면 200쪽 정도의 소설책은 단 한 달이면 20~30분 내로 읽을 수 있게 된다. 이런 기초 훈련이 완성되면 이제는 어린이용 동화가 아닌 소설책을 가지고 10분 안에 읽을 수 있도록 다시 훈련한다. 시간이 경과할수록 목표치를 최소 5분까지 당겨보겠다는 신념과 의지를 가져보자. 그럼 처음에는 상상도 할 수 없던 경지에 도달한 자신을 발견하게 될 것이다.

닥터 스트레인지처럼
나도 히어로가 될 수 있다

호수에 떨어진 나뭇잎

몰입독해를 시작하려면 일단 '몰입'부터 알아야 한다. 《몰입 flow》의 저자 미하이 칙센트미하이는 자신의 책에서 '현재하고 있는 일에 대하여 절대적으로 흡수되어 있는 상태'라고 정의했다. 즉, 어떤 일이건 나의 의지와 행동이 하나의 행복감으로 완벽하게 일치된 상태를 말하는 것이다. 잡념이 사라진 집중을 통해 몰입하고자 하는 대상과 같은 공간에서 서로를 바라보며 깊은 통찰의 진리를 주고받는 과정을 떠올리면 된다. 몰입 상태에서는 시간과 공간의 흐름을 인식하지 못할 정도로 깊은 정신 활동을 하게 된다. 또한 물이 흐르듯이 편안하고, 하늘을 날듯이 자유롭다.

서울대 황농문 교수의 저서 《몰입, 두 번째 이야기》는 '몰입하고 또 몰입하는 한 한계란 없다'고 주장한다. 이 문장은 몰입이 필요한 이유를 가장 잘 설명해준다. 우리는 인간으로서 느껴지는 한계를 극복하고자 몰입한다. 몰입공부를 배우려는 사람이라면 공부에 한계를 느꼈기 때문에 이를 극복하고자 하는 것일 테다. 하루 종일 매우 빠른 속도로 공부를 하는 사람의 이야기를 보면 '저 사람은 타고난 천재일 거야'라고 생각하거나 '과장된 이야기일 거야'라고 의심한다. 하지만 몰입공부를 통해 성과를 이룬 사람은 이미 충분히 많다.

당신이 호숫가에 서서 풍경을 감상하고 있는데 누군가 커다란 돌멩이를 던졌다고 해보자. '풍덩' 하는 소리를 금방 알아차릴 수 있었을 것이다. 이번에는 산들바람이 나뭇잎 하나를 수면 위에 떨어뜨렸다고 해보자. 수면에 작은 물결이 사방으로 퍼져갈 것이다. 돌멩이가 빠졌을 때보다는 약한 신호지만, 누구든 집중해서 바라본다면 그 파동을 감지할 수 있다. 그럼 이번에는 나뭇잎이 아니라 작은 티끌이었다고 가정해보자. 당신은 그 파동을 감지할 수 있을까? 몰입 상태였다면 가능할 것이다. 공부할 때도 이와 같은 상태가 필요하다.

자세를 고치면 머리가 맑아진다

몰입으로 가는 가장 쉽고 빠른 길은 명상이다. 명상을 간단히 설명하자면 '외부 자극에 반응하지 않는 훈련'이라고 할 수 있다. 몰입을 하려면 오만가지 잡생각을 떨쳐내야 한다. 잡다한 생각을 멈추는 쉬운 방법은 의식^{생각}을 내 몸 안에 두는 것이다. 이를 위해 눈을 감고 자신의 호흡을 스스로 관찰한다. 내가 숨을 들이쉬었는지 내쉬었는지 느껴본다. 그러면 참 신기하게도 잡념이 사라지고 한 가지 생각에 몰두할 수 있는 상태에

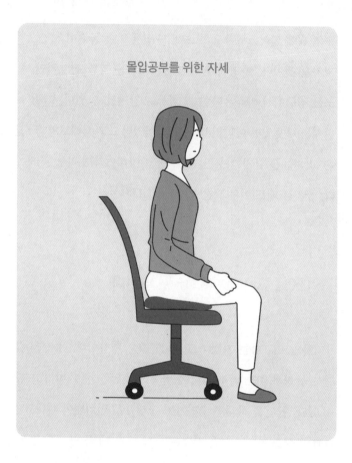

몰입공부를 위한 자세

들어서기 시작한다. 보통 명상이라고 하면 가부좌 자세를 떠올린다. 하지만 우리는 공부를 해야 하기 때문에 의자에 앉은 상태에서 진행해보도록 하겠다.

자세

① 엉덩이 뒤쪽에 방석을 놓는다.

② 등받이에 등을 기대지 않고 바르게 앉는다.

③ 무릎은 90도 각도를 유지한다.

④ 양손을 모아 단전^{배꼽 3센티미터 아래에서 척추 앞 부근}에 포

　개어 살포시 밀착시킨다.

⑤ 척추는 머리가 하늘에 맞닿는 듯 바르게 펴준다.

⑥ 턱은 가슴을 향해 살짝 당긴다.

⑦ 눈은 감고 의식을 두 눈썹 사이에 집중한다.

⑧ 목, 어깨, 팔, 다리에 힘을 뺀다.

　몰입공부를 몸에 익히는 동안 몸과 마음이 피곤하지 않으려면 호흡이 중요하다. 단전호흡이라고 하는 방법을 응용하면 우리에게 필요한 에너지를 모으고 온몸의 균형을 잡을 수 있다. 특히 머리가 맑아지고 침착해지며 집중력이 좋아져서 몰입의 세계로 쉽게 갈 수 있다.

호흡

① 단전 앞 아랫배가 들어가도록 하면서 숨을 끝까지 길게 내쉰다.

② 단전 앞 아랫배가 앞으로 나오게 하면서 숨을 깊이 들이쉰다.

③ 코가 얼굴이 아니고 척추에 붙어있고 상상하면 편하게 따라할 수 있다.

④ 가슴은 움직이지 않고 아랫배로 호흡한다.

⑤ 파도가 자연스럽게 들어왔다 나가듯이 자연스럽게 호흡한다.

의식

① 아무런 생각 없이 마음으로 단전을 바라본다.

② 잡생각이 떠오르면 그냥 흘러가게 놔둔다. 잡생각을 떨쳐 버리려고 집착하지 않는다면 훈련이 진행될수록 잡생각은 줄어들고 결국 사라지게 될 것이다.

③ 몸과 마음이 안정되면 단전에 아주 좋은 에너지가 쌓이고 응축되어 태양과 같은 따뜻한 기운이 자리를 잡는다.

내 마음의 스위치를 켜자

'개에게 먹이를 줄 때마다 종을 치는 실험을 했더니 개가 종소리만 듣고도 침을 흘렸다.' 러시아의 생리학자 이반 파블로프Ivan Pavlov는 이 실험을 통해서 개의 식욕이 종소리에 대한 대뇌의 인식에서 출발된다는 사실을 밝혀냈다. 교과서에도 나오는 파블로프의 조건반사는 단순한 실험이었지만 현대 심리학 발전에 큰 영향을 미치고 있다.

우리가 몰입공부를 하기 위하여 몰입 상태에 빠져 들어갈 때, 시간이 얼마나 걸리는지는 중요한 문제다. 30분간 공부하기 위해 30분간 명상을 해서는 곤란하다. 몰입으로 들어가는 준비운동이 길어지면 몰입공부를 하는 의미도 퇴색된다. 어떻게 하면 빠르게 본 게임으로 들어갈 수 있을까?

그 해답을 NLPneuro-linguistic programming, 신경 언어 프로그래밍의 앵커링 기법으로 해결해보자. 앵커링을 아주 간단히 이야기한다면 '특정한 내적 어떤 상태와 외적 자극을 결합하는 것'이다. 즉, 특정 사물이나 행동이 자신의 기억이나 느낌을 불러일으키도록 하는 것이다. 이런 속담이 있다. '자라보고 놀란 가슴 솥뚜껑 보고 놀란다.' 여기서 솥뚜껑은 자라를 연상시키는 역할을 한다. 자신이 좋아하는 과일을 떠올리기만 해도 입에 침이 고이는 현상을 앵커링으로 설명할 수도 있다.

몰입공부에 들어가는 앵커링으로 적절한 동작을 몇 가지 떠올려보자. 엄지와 검지를 맞붙여 수인을 맺는다거나 특정한 발가락에 살짝 힘을 줄 수도 있다. 양쪽 손바닥을 포개어 아랫배를 감싸도 된다. 대신 이 수인을 타인이 알지 못하게 나만의 비밀로 간직하는 것이 좋다. 왜냐하면 내 마음속 비밀 언어인 스위치가 세상에 알려지면 타인이 내 마음을 들여다본다는 느낌이 들어 심리적 안정이 무너질 수 있기 때문이다. 타이거 우즈Tiger Woods가 눈 깜박임이라는 앵커링 스위치를 들키고 나서 슬럼프를 겪은 것도 이 때문이다. 생각해보라. 스윙을 할 때마다 모든 사람이 내 눈만 뚫어지게 바라본다면, 스윙에 온 마음을 다할 수 있겠는가? 그러니 스위치는 나만의 약속으로 유지하는 것이 좋다.

앵커링과 함께 몰입으로 들어가는 훈련이 반복될수록 준비 시간은 점점 단축된다. 훈련의 깊이가 더해지면 시끄러운 음악이 흐르는 장소에서도 빠르게 몰입으로 들어갈 수 있다. 공부를 시작하기 바로 전 눈을 감고 명상 모드를 켠다. 그리고 나만의 앵커링 스위치를 켜서 심호흡을 하며 바로 몰입에 들어간다. 처음에는 이 과정이 5분 정도 걸리지만 한 달만 훈련해도 10초 안에 끝내게 된다.

최적의 공부 장소는 독서실?

공부하다가 집중이 되지 않을 때 도서관이나 독서실에 가면 어쩐지 기분이 달라지는 체험을 한 번쯤 해봤을 것이다. 또는 형제와 같은 방을 쓰다가 넓은 집으로 이사를 하면서 내 방이 별도로 생기고 나니 어쩐지 마음 상태가 달라졌던 경험이 있을 수도 있다.

이런 현상을 공부에 응용해보자. 나만의 비밀 공간을 만드는 것이다. 《이상한 나라의 앨리스》를 읽어보았는가? 어느 날 언덕에서 놀던 앨리스가 사람처럼 옷을 입은 토끼를 발견한다. 신기한 마음에 쫓아가다가 토끼굴에 떨어져버린 앨리스는 시공간이 완벽히 다른 이상한 나라에서 신기한 모험을 한다. 외부 세계와는 시공간이 다른 이 이상한 나라가 나만의 비밀 공간이다. 우리는 몰입 상태에서 생각만으로 각자가 원하는 조건의 방을 만들 수 있다.

머릿속에 어떤 방을 하나 설정해본다. 내가 원하는 공부방의 모습을 상상으로 설계한다고 생각하면 된다. 우리의 생각은 아주 강력한 힘을 가지고 있어서 반복하면 할수록 실제와 같은 착각을 불러일으킨다. 그러므로 나에게는 비밀의 방이 진짜로 존재하게 되는 것이다. 방을 만들었다면 이제는 선언을 할 차례다. 예를 들어 '이 방에 들어오면 나는 시간과 공간의 제약 없이 공부할 수 있다'라고 외치는 것이다. 아래 예시를 참고해 나만의 선언문을 작성해보자.

· 이 방에 들어오면 나의 집중력이 한없이 커져서 몰입 상

태가 된다.

· 이 방에 들어오면 나는 문제가 해결되기 전까지 몰입 상
태를 풀지 않는다.

· 이 방에 들어오면 나는 매우 짧은 시간에 완벽하게 공부
한다.

· 이 방에 들어오면 나의 뇌는 모든 지식을 받아들이고 기
억한다.

· 이 방에 들어오면 내게는 시간과 공간의 제약이 없다.

· 이 방에 들어오면 나의 모든 감각이 살아난다.

각자 선언문을 정하고 외칠 때 중요한 점이 있다. 사과를
먹는 상황을 떠올리면 입에 침이 고이듯이, 이 방과 선언을 실
제처럼 느껴야 한다는 것이다. 이제부터 우리는 이 비밀의 방
에서 새로운 내용을 배우고 복습하며 공부할 것이다. 이 방에
서는 시간 개념이 사라져서 새벽이 오는 것을 알아차리지 못할
수도 있다. 이 방에서는 몰입 세계에 빠져들어 어떤 문제도 해
결하게 된다.

영화 〈닥터 스트레인지〉는 불의의 사고로 절망에 빠진 한 신경외과 의사 스트레인지의 이야기를 다룬다. 스트레인지는 네팔의 수도 카트만두에서 신비한 힘을 가진 수도승이 있는 곳에 찾아간다. 이 수도승은 스트레인지에게 자신의 힘을 보여주고 여러 이야기를 들려준다. 이 덕분에 스트레인지를 세상을 구원할 강력한 능력을 얻어 히어로로 거듭난다. 그렇다면 수도승이 스트레인지에게 알려준 것은 무엇이었을까? 바로 내면의 힘을 통해 잠시 몸과 마음이 분리될 수 있다는 점이다. 우리 육체는 때로 정신활동을 가로막는 한계이자 방해꾼이 되기도 한다. 몸에서 마음이 분리되어 육체적 장애가 인식되지 않을 때야 말로 진정한 몰입 상태라 할 수 있다. 우리도 집중하고 몰입하면 누구든지 강력한 히어로가 될 수 있다. 어떤 장애물도 없이 끝없는 자유를 느끼고 지식의 근원에 다가가게 된다.

두뇌 활동이 멈추는 이유, 과부하

곱셈을 처음 배우는 아이

몰입공부를 익히는 것은 어렵지 않다. 이 책을 보고 따라 하기만 해도 충분히 두 배 이상 성장할 수 있다. 하지만 처음부터 너무 높은 목표에 도전하면 실패하기 일쑤다. 곱셈을 처음 배우는 아이를 떠올려보자. 우선은 한 자리 수끼리 곱하는 법을 연습한다. 익숙해지면 그제야 두 자리 수나 세 자리 수를 곱하기 시작한다. 이런 기초 없이 어려운 함수나 미분, 적분에 바로 뛰어든다면 어떻게 될까? 아마도 기나긴 정체기를 겪게 될 것이고, 한 계단씩 오를 때보다 더 오랜 시간이 필요하게 될지도 모른다.

몰입공부도 그러하다. 처음부터 무리하면 금방 지쳐 포기하게 된다. 몰입공부의 시작은 독해 속도를 높이는 데 있다. 처음에는 두 단어를 한 묶음으로 보는 연습을 한다. 두 단어 묶음 연습이 잘 되면 그때 세 단어 묶음, 세 단어씩 묶음 연습이 잘되면 다시 네 단어, 다섯 단어로 단어 수를 늘려가면서 훈련한다.

흔히 빠르게 독해하는 기술에 부정적 편견을 갖는 이유는 처음부터 목표를 너무 높게 잡고 훈련했기 때문이다. 평소에 글자를 읽던 패턴에서 벗어나 두뇌로 들어오는 정보의 양을 갑작스럽게 늘리면 우리 머리는 그 정보를 인지를 하지 못한다. 마치 컴퓨터가 버벅대다 작동을 멈추듯 사고가 정지하게 된다. 지금의 책 읽기 패턴조차 사실은 여러 번의 시행착오를 거쳐서 만들어진 것이다. 글자를 깨치고 나서부터 적어도 10년은 걸려 이루어낸 결과다. 이를 바꾸려면 꾸준한 노력이 필요하다. 갑

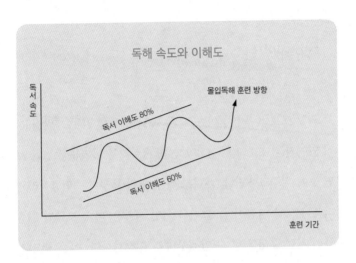

독해 속도와 이해도

독서 속도

몰입독해 훈련 방향

독서 이해도 80%

독서 이해도 60%

훈련 기간

자기 속도를 급히 한다고 하면 이해가 하나도 되지 않는다.

매번 훈련할 때마다 이해도의 경계선을 설정하고 그 근처에서 반복 훈련해야 한다. 이해도의 경계선은 최저 60퍼센트에서 최고 80퍼센트로 설정하면 적당하며, 전체 내용 중 얼마나 이해하고 기억하는지를 살피면 된다. 이해도가 너무 낮은 상태에서 속도 강화 훈련을 계속하면 '어차피 읽어도 모를 텐데'라며 회의를 느끼게 되고, 그럼 훈련 지속성이 떨어진다. 반면 이해도를 너무 높게 잡으면 속도 발전이 더디게 나타난다.

단계별 학습이 중요하다

TV 프로그램에서 아주 빠른 속도로 책을 읽는 사람을 본 적 있는가? 1초도 지나지 않았는데 페이지를 넘기는 모습을 보면 눈이 휘둥그레진다. 게다가 아주 어린 학생이 주인공이라면 더욱 신기할 따름이다. 그래서 어떤 사람은 '나도 조금만 연습하면 저런 흉내를 낼 수 있겠구나'라고 생각한다. 이는 착오다. 어린 아이는 두뇌가 유연하기 때문에 조금만 연습해도 높은 경지에 쉽게 오른다.

내가 운영하는 교육원에 찾아온 성인 수강생 중에는 의욕이 넘치는 분이 많다. 그런데 너무 열정적인 나머지 쉬운 글로 초보자 훈련을 하자고 하면 당황한다. 하지만 우리 두뇌가 버벅거리지 않고 작동하려면 반드시 필요한 단계다. 초보자는 무조건 어려운 글을 무조건 빨리 독해하려고 하기보다는 쉬운 글을 읽어내는 훈련을 먼저 해야 한다.

몰입독해는 상상을 초월하는 장면을 보여주기도 한다. 무려 100배 빠른 속도로 글을 읽는 것이 가능한 사람도 있기 때문이다. 이는 반드시 전문가의 지도가 필요한 수준으로, 모든 수험생이 이런 경지에 오를 필요는 없다. 하지만 글 읽기가 낯설지라도 꾸준히 훈련하면 어느 새 과거와는 다른 자신을 발견할 수 있다.

공부는 혼자 하고,
훈련은 같이 하라

제1법칙 — 너무 힘들다면 방법을 바꿔라

몰입공부를 위해 반드시 알아야 할 열 가지 법칙을 꼽았
다. 이것만큼은 숙지하도록 하자. 어떤 글이든 빠르게 읽어낼
수 있는 독해력은 몰입공부의 기초다. 그런데 독해력을 기르
겠다고 결심한 사람 대부분은 제일 먼저 인터넷에 들어가 검색
을 한다. 물론 인터넷에는 여러 종류의 독해 기법이 소개되어

있고, 시범 동영상도 올라와 있다. 이런 자료를 접한 다음 하는 행동은 서점을 가는 것이다. '나도 할 수 있어!'라며 훈련용 교재를 산다. 그러나 작심삼일은 고사하고, 하루라도 훈련을 지속하는 사람은 열에 하나뿐이다.

독해 속도는 평소 습관의 영향을 많이 받는다. 평생 얼마나 많은 글을 읽어왔으며 어떤 패턴으로 읽어왔는지에 따라 훈련 강도가 천차만별이다. 글 읽기에 익숙한 사람이라면 이 책의 설명만으로도 충분히 셀프 트레이닝할 수 있다. 하지만 '나는 좀 어려운데?'라고 생각된다면 포기하지 말고 나에게 맞는 선생님을 찾아보자. 가능하면 오프라인 강의를 단 1회라도 들어보기를 권한다.

공부는 혼자서 해야 능률이 오른다고 하지만 어떤 과목을 난생처음 접할 때는 강의를 먼저 듣는 법이다. 독해 훈련도 그렇다. 너무 낯설게 느껴진다면 혼자서 끙끙 고민하지 말고 일단 도와줄 사람을 찾아라.

제2법칙 — 좋은 지도사를 찾을 줄 알아야 한다

똑같은 '독해'라도 누가 가르치느냐에 따라 수준 차이가 난다. 나에게 잘 맞는 지도사, 그리고 무엇보다 신뢰하고 따를 수 있는 검증된 지도사를 찾아야 한다. 이런 안목은 단기간에 기르기 쉽지 않으니 몇 가지 팁을 제시하겠다. 첫째, 다양한 임상 경험이 있는지 파악하자. 둘째, 단순한 기술만으로 교육하는지 아니면 교육에 필요한 심리학적 설명을 융합하는지 확인하자. 나와 잘 맞는 지도사를 우연히 만나기란 어려운 법이다. 인터넷 등에서 검색한 정보, 동영상 강의 등을 참고해보자.

제3법칙 — 꾸준함은 큰 자산이다

훈련은 반복이 제일 중요하다. 일정한 시간을 정해놓고 꾸준히 해야 한다. 내 마음속에는 무의식의 방이 있다. 이곳에서

나조차 의식하지 않을 정도의 프로그램을 설계하는 작업, 이것이 반복이다. 우리 몸에 체득될 수 있는 시간을 확보해야 한다. 원래 우리 몸은 쓰면 쓸수록 그 방향에 맞춰 변화한다. 몰입독해의 원리를 공부했다고 하더라도 아직은 그냥 지식에 불과하다. 이를 실전에 사용해야 진짜 내 것이라 하겠다. 하다못해 길거리를 지나가면서 간판을 보더라도 잠깐의 훈련을 할 수 있다.

제4법칙 — 음독에서 벗어나라

음독하려는 습관을 제거해야 몰입독해의 날개가 펼쳐진다. 마음속으로 글자를 소리 내어 읽으면 아무리 빠르게 읽어도 처음에 비해 5배속 이상의 성과를 낼 수 없다. 처음 글자를 배울 때 소리 내어 읽었던 습관이 고착화되다보니 성인이 되어서도 실제 소리는 내지 않지만 같은 독서 패턴을 유지하는 일이 흔하다. 빠르게 읽으려면 음독을 제거해야만 한다.

제5법칙 — 벤치마킹은 좋은 전략이다

몰입독해를 배우려는 사람은 아주 다양하다. 그런데 그중에서 가장 코치하기 어려운 그룹이 있다. 한 번도 독해 훈련을 경험한 적 없는 직장인이다. 이들은 벤치마킹할 대상이 주변에 없기 때문에 기초 훈련을 할 때 매우 힘들어한다.

지금 주변을 둘러보자. 독해력이 뛰어나고 글을 빠르게 잘 읽는 친구가 있다면 반드시 벤치마킹해야 한다. 목표까지 가는 데 시간을 최소화할 수 있다. 주변에 그런 사람이 없다면 동영상을 찾아 유심히 관찰해보자. 앉은 자세, 시선의 흐름, 공부하는 분위기, 책장을 넘기는 속도처럼 세세한 부분까지 관찰하고 똑같이 따라하면 된다. 나도 모르게 그 사람과 가까워질 것이다.

몰입독해 특강을 열 때 반드시 신경 쓰는 부분이 하나 있다. 총기 있는 어린 학생을 맨 앞자리에 앉히는 것이다. 다른 사람이 1분 걸려 읽을 분량을 이 학생이 30초 만에 읽는다면 이

것이 기폭제가 되어 그날 전체 수강생의 흐름이 달라진다. 혼자 공부할 때도 이런 효과를 노려보자.

제6법칙 ― 좌뇌와 우뇌가 발맞춰 걷도록 하라

'빠르다'는 말은 주관적이다. 그럼 어느 정도 속도가 되어야 몰입독해를 했다고 할 수 있을까? 나는 최소한 '평상시의 5배속'은 되어야 한다고 주장한다.

그러나 대부분의 교육기관에서는 이보다 낮은 수준의 기술만 지도하고 있다. 최소 5배속을 내려면 반드시 좌뇌와 함께 우뇌로도 정보를 받아들이고 처리해야 한다. 우뇌로는 글을 읽는다기보다 '본다'고 표현해야 더 어울린다. 그러려면 독해 패턴을 근본적으로 바꾸어야 한다.

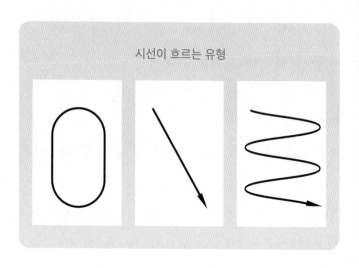

시선이 흐르는 유형

제기법칙 —
훈련할 때 시선의 흐름을 따지지 말자

독해는 매우 직관적인 훈련이다. 이 직관이라는 것이 참

애매한 경우가 많다. 큰 원리와 틀에서 많이 벗어나지 않는다

면 모든 방법이 유효하다. 누구는 시선을 사선으로 이동해야

더 잘 보이고, 어떤 사람은 영어의 S자를 그리듯 봐야 더 편하

고, 또 다른 사람은 한 쪽을 동시에 고르게 봐야 좋다고 말한

다. 이 중에서 누가 가장 맞느냐고 묻는다면, 모두 다 옳다고 하겠다. 왜일까? 몰입독해를 통해 정보 처리 속도를 높일 때는 책 속 정보를 큰 덩어리로 묶어 사진처럼 처리해야 하기 때문이다. 아름다운 풍경 사진을 사선으로 보든지, S자로 보든지 무슨 문제가 있겠는가? 심지어 거꾸로 보더라도 정보를 받아들이는 데는 큰 문제가 없다.

제8법칙 ─
처음에는 무조건 쉬운 텍스트로 시작하라

전국을 누비며 몰입독해 특강을 할 때마다 나는 내가 강의할 교재는 물론이고 수강생이 읽어야 할 책까지 전부 가져간다. 그렇지 않으면 대부분 어려운 책을 지참하고 오기 때문이다. 초보자가 처음부터 한 페이지의 정보를 동시에 볼 수는 없다. 그러니 머리에 부담을 주지 않을 수 있는, 이미 알고 있는 내용의 쉬운 동화책으로 시작하기를 거듭 당부한다.

제9법칙 —
정확히 읽어야 한다는 집착에서 벗어나기

이는 특히 좌뇌형 공부벌레에게 당부하는 이야기다. 내가 읽은 모든 지식을 전부 기억해야만 제대로 읽었다고 인정하는 사람이 있다. 그래서 누구보다 완벽하게 공부한다고 말하지만, 이렇게 해서는 과목별 성적과 단원별 성적을 고르게 올리기에 효율적이지 못하다. 상위 3퍼센트에 들어가는 학생은 시험을 앞두고 교과서를 10번 읽는다. 상위 10퍼센트에 드는 학생은 교과서를 5번 읽는다. 그러나 중위권 학생은 교과서를 아예 읽지 않는다. 아니, 볼 시간이 없다. 공부할 때마다 그 내용을 전부 기억하려고 하니 엄두가 나지 않기 때문이다. 이제 1단원만 마스터하던 과거에서 벗어나자.

독해 초보자가 처음부터 세부적인 내용에 집착하면 실패할 확률이 높다. 차라리 나중에 한 번 더 읽는다는 개념으로 훈련했을 때 성공률이 높다. 예를 들어 평소 한 시간 걸려 읽던 책을 5분 만에 돌파했다면? 남은 시간 동안 한 번 더 읽으면 그만이다. 이렇게 10분에 걸쳐 두 번 읽음으로써 이해했다면 이것이 정답이다. 누구에게나 시간은 공평하다. 따라서 한 시간에 한 번 밖에 읽을 수 없는 학생보다는 열 번 읽은 학생이 더욱 유리하다.

제10법칙 — 한계를 뛰어넘는 경험을 하라

공부를 하거나 책을 읽을 때 누구든 집중한다. 그러나 이런 단순 집중으로는 경쟁력을 높이는 데 한계가 있다. 몰입공부는 몰입이라는 특수한 능력을 기반으로 삼기 때문에 가능한 것이다. 3초 안에 나의 마음과 몸을 통제하고 극한의 시공간을 뛰어넘을 수 있으려면 명상과 NLP 관점에서의 트레이닝이 필요하다. 몰입 상태에서는 우리가 바라는 꿈이 이루어진다.

무의식을 통해
물리적 한계 너머로

아직 명확히 밝혀지지 않은 힘, 무의식

EBS의 〈지식채널e〉에서 '10,999,960'라는 제목의 에피소드가 방영된 바 있다. 그 내용에 따르면 우리의 감각 기관으로부터 두뇌로 들어오는 정보는 매초 1천 100만 개 이상이라고 한다. 그러나 의식적으로 처리할 수 있는 정보는 매초 최대 40개까지다. 이는 우리가 두뇌에서 받아들이는 정보의 28만 분의 1만을 실제로 지각한다는 뜻이다. 두뇌에서 받아들였지만 의식하지는 못한 나머지 1천 99만 9천 960개의 정보는 어디로 갔을까? 사라졌을까?

의식, 그리고 인식하지 못하지만 깊은 수심에 존재하는

무의식은 100여 년 전의 심리학자 지그문트 프로이트^{Sigmund} ^{Freud}에 의해 발견되었지만, 아직까지도 구체적으로 정의하기 어렵기로 악명 높다. 미국 다트머스 대학교 마이클 가자니가 ^{Michael Gazzaniga} 교수는 '무의식에 관한 공통된 의견은 의식이 깨어 있는 삶에서 행하는 수많은 행위들이 사실 무의식에 의한 것이라는 점'이라고 했다.

자극을 받고 반응을 하는 잠깐 사이 어떤 행위를 할지 선택하는 것은 무의식에서 건져 올린 두뇌의 본능적 결정이다. 사람의 판단과 감정, 행동을 지배하는 무의식은 우리가 깨닫지 못했던 1천만 개의 정보까지도 활용한다. 매순간 얻어지는 40개의 정보, 그것이 내가 알고 있는 나라면 매순간 어딘가로 입력되는 1천만 개의 정보는 앞으로 나를 움직이게 될 나인 동시에 내가 알지 못하는 또 다른 나다.

3천 분의 1초가 부리는 마법

1957년 미국의 한 영화관에서 마케팅 전문가 제임스 비카리James Vicary가 재밌는 실험을 벌였다. 영화 상영 중 특정 화면을 관객들에게 알리지 않고 보여준 것이다. 그 화면에는 '콜라를 마셔라' '배가 고픈가? 팝콘을 먹어라'와 같은 메시지가 적혀 있었다. 이 화면은 특수 장치를 이용하여 아주 짧은 순간 스쳐 지나갔는데, 그 시간은 무려 3천 분의 1초밖에 되지 않았다. 이런 식으로 메시지를 여러 번 보여주었지만 관객들은 아무도 이 사실을 알아차리지 못했다. 그런데도 이 사건은 관객들의 행동에 분명한 변화를 가져왔다. 영화 상영 직후 콜라와 팝콘의 판매량이 각각 18.1퍼센트, 57.7퍼센트 증가한 것이다.

옛 말에 '자라보고 놀란 가슴 솥뚜껑 보고 놀란다'는 속담이 있다. 우리가 알지 못하는 의식 너머 무의식은 우리의 모든

124

일상생활을 지배하고 있다. 그렇다면 이번에는 작심삼일이라는 말을 떠올려보자. 어떤 일을 결심하면 흔히 '3일' 동안 효과가 있다는 뜻이다. 그런데 진정한 무의식에 심어진 씨앗은 평생을 두고 효과를 발휘한다. 따라서 우리가 무의식에 어떤 씨를 뿌리는지에 따라 내가 원하는 행동을 수월하게 해낼 수 있다.

아무런 꿈이 없는 사람

공부 문제로 인해 상담하다보면 공부 이전에 꿈이 없어 고민인 사람이 꽤 많다는 사실을 알 수 있다. 내가 간절히 원하는 꿈이 있다면 똑같은 공부를 해도 더 즐겁게 할 수 있을 것이다. 우리의 꿈 역시 무의식과 관련 있다. 어떤 정보에 노출되는지에 따라 우리는 미래를 상상하기도 한다. 의학 드라마를 보고 나니 숭고한 봉사에 끌린다거나 하는 경험이 있을 것이다. 이런 작은 생각이 먼 미래를 바꿀 계기가 되기도 한다. 한 집안에서 비슷한 직업을 가진 구성원이 여럿 나오는 것도 이와 연관 있다. 아무래도 그 직업에 대한 정보가 수시로 쏟아지기 때문이다.

최면과 전생이라는 소재를 다룬 방송이 있었다. 최면 전문가가 유명 연예인에게 최면을 걸어 그의 전생을 알아보기로 했다. 당시 방송에서는 일제 강점기나 독립 운동을 떠올리게 하는 배경 장치를 이용해 무대를 꾸몄다. 그리고 연예인을 불러 당신은 전생에 누구였는지 묻자 '유관순'이라는 답이 나왔다. 인간이 무의식적으로 노출된 정보에 의해 움직이고 있다는 사실을 느끼게 하는 묘한 실험이었다.

몰입공부란 물리적 한계를 뛰어넘어 책 속의 지식을 완벽히 이해하는 과정이다. 이것이 가능하려면 우리 마음에도 씨앗이 필요하다. 작은 씨앗이 자라서 커다란 나무가 되듯이 '나도 할 수 있다'는 긍정과 확신을 무의식 속에 넣어야 한다. 자전거를 처음 배울 때는 아슬아슬 줄타기를 하듯 움직였지만 곧 익숙해지니 콧노래를 부르며 여유롭게 달리게 되듯 공부가 가뿐하게 느껴지는 날이 금방 다가올 것이다.

4장

몰입공부를
위한
초급 트레이닝

더 넓은 시야로
보이지 않는 영역에 도전하다

시야의 90퍼센트를 차지하는 주변시

몰입공부는 독해력이라는 기반 위에 몰입이라는 최고의 선물이 더해져 만들어진다. 공부를 할 때 우리 눈은 매우 중요한 역할을 한다. 모든 감각 기관을 통하여 두뇌로 들어오는 정보의 총량을 100으로 봤을 때 시각이 처리하는 정보가 87퍼센트에 달한다는 보고가 있다. 그만큼 시각이 중요하다는 뜻이다.

몰입독해는 몰입 상태에서 눈으로 문자를 빠르게 보고 그 정보를 시각화로 처리하는 과정이다. 사람이 인지하는 시각은 예상 외로 매우 좁다. 우리가 어떤 대상의 전체를 보는 것 같지만 알아차리는 중요한 핵심 구역은 그리 크지 않다는 뜻이다. 그리고 인간의 의식에 따라, 어떤 생각을 가지고 보느냐에 따라서도 정보가 달라진다. 건물 옥상에서 손을 넓게 벌려가면서 도시의 풍광을 본다면 전체가 다 보일 것이다. 그렇다고 내가 눈으로 본 도시 전체를 세세하게 기억한다는 것은 쉽지 않다.

그렇다면 우리는 읽었던 내용을 어디까지 기억할 수 있을까? 평범한 사람이 책을 보며 서너 줄짜리 한 단락을 한 시야에 보고, 그 내용을 전부 기억할 수 있다면 얼마나 좋을까? 이렇게 되기 위해서는 눈의 유연성을 길러야 한다. 누군가는 눈의 스트레칭과 독해력은 연관성이 떨어진다고 주장한다. 하지만 지난 20여 년간 지도해본 결과, 스트레칭을 할 때와 하지 않을 때의 차이는 분명했다. 더불어 빠른 독해를 돕는 해외 교재를 살펴봐도 비슷한 주장을 찾을 수 있다. 그렇다면 눈 스트레칭 방법을 알아보자.

1. 눈을 꼭 감았다가 크게 뜨는 동작을 몇 번 반복한다. 그러면 안구 근육의 혈액 순환이 좋아져 눈 주위가 따뜻해지고 눈의 피로가 사라진다.

2. 눈을 감을 때는 눈 안쪽으로 꽉 짜듯이 힘을 주면서 안구를 줄이는 느낌으로 감는다.

3. 반대로 눈을 뜰 때는 눈을 엄청나게 확대하는 느낌으로 크게 뜬다.

4. 눈 주위를 양손으로 부드럽게 마사지해준다.

여기까지 마쳤으면 다음으로는 시력 강화를 위한 스트레칭에 들어가도록 하자. 1~4단계로 구성되어 있다.

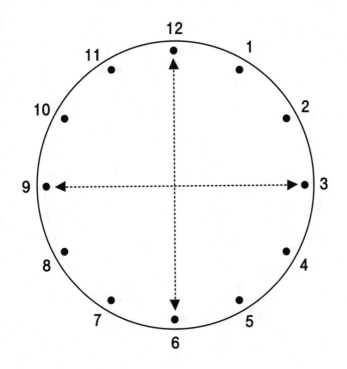

숫자 12와 6의 사이를 두 번 왕복한다. 다음으로 숫자 9와 3의 사이를 두 번 왕복한다. 이를 1세트로, 10초간 5세트 반복한다.

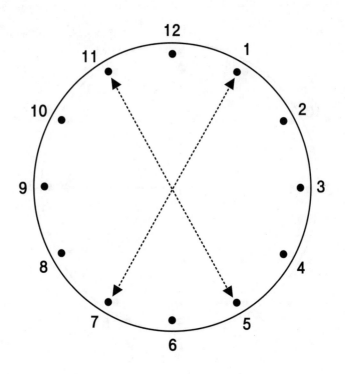

숫자 11과 5의 사이를 두 번 왕복한다. 다음으로 숫자 1과 7의 사이를 두 번 왕복한다. 이를 1세트로, 10초간 5세트 반복한다.

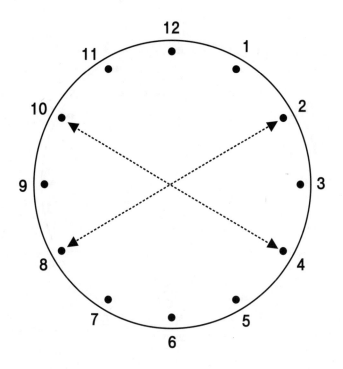

숫자 10과 4의 사이를 두 번 왕복한다. 다음으로 숫자 8과

2의 사이를 두 번 왕복한다. 이를 1세트로, 10초간 5세트 반복

한다.

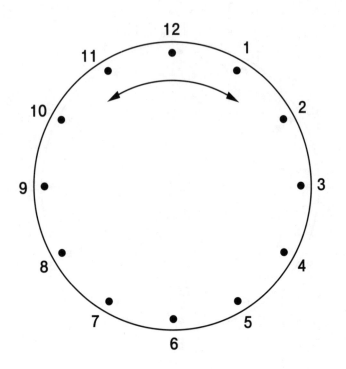

　마지막에는 눈으로 원을 그린다. 시계방향으로 한 바퀴,

반시계방향으로 한 바퀴를 1세트로 총 5세트 반복한다.

사람을 처음 만나면 대부분 눈을 제일 먼저 본다. 눈에 총기가 있다는 말은 무슨 뜻일까? 눈은 마음의 창이다. 또한 눈은 해부학적으로 두뇌의 일부분이라고도 볼 수 있다. 처음에는 뇌만 존재했지만, 더 자세히 보기 위해 뇌에서 눈이 분리되어 나온 것이다. 따라서 눈을 보면 그 사람의 지적 능력을 직감적으로 알 수 있다. 총명하고 건강한 눈을 만들기 위해서는 눈 스트레칭과 같은 운동이 필요하다. 그것이 두뇌를 활성화시키고, 활성화된 두뇌는 몰입공부에서 반드시 갖추어야 할 필수 요소이기 때문이다. 평소 우리가 책을 읽을 때 눈을 관찰해보면 눈은 거의 움직이지 않고 고개만 좌우로 왔다 갔다 하는 모습을 알 수 있다. 눈동자를 움직여주는 눈 근육이 가만히 있으니 눈의 근력이 점점 약해지고 조금만 책을 읽어도 금세 피곤해진다. 눈 운동을 한다는 의미는 눈의 근력을 강화시켜서 눈을 보호한다는 뜻도 있지만, 최종적으로는 두뇌를 개발하는 데 목표가 있다. 그러니 눈은 반드시 스트레칭을 해야 하며 이것이 몰입독해를 이끄는 기초 훈련이라 하겠다.

훈련 전 중심 시야의 범위

주변 시야　　　　중심 시야　　　　주변 시야

훈련 후 중심 시야의 범위

주변 시야　　　　중심 시야　　　　주변 시야

인지 시야를 넓히는 훈련

우리가 눈을 통해 정보를 받아들일 때 중심시와 주변시가 있다. 중심시는 사물을 세밀하게 볼 수 있도록 하고 주변시는 중심시의 외곽을 담당하는 역할을 한다. 주변시가 전체 숲을 본다면 중심시는 숲속 나무를 본다고 생각하면 이해가 될 것이다. 주변시는 우리가 어떤 것에 초점을 맞추고 보기 전 첫인상이나 전체 상황을 알려주며 중심시와 기능이 전혀 다르다. 주변시는 우리 시야의 90퍼센트 이상 범위를 차지하지만 감광 세포의 약 50퍼센트만 사용할 수 있다고 한다. 기본적으로 주변시는 시각적 선명도나 해상도가 낮기 때문에 세부 사항 구별 능력이 떨어질 수밖에 없는 것이다. 따라서 몰입독해에 필요한 중심시를 더욱 넓게 개발하는 것이 훈련의 기본이 된다.

대부분의 사람은 기본적으로 시야의 가운데 부분만 선명하게 볼 수 있다. 그런데 몰입독해는 한 단어만 보고 정보를 처

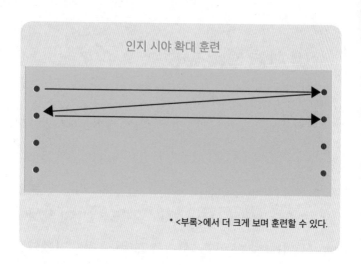

인지 시야 확대 훈련

* <부록>에서 더 크게 보며 훈련할 수 있다.

리하는 것이 아니라 여러 개의 단어나 문장을 동시에 보는 기술이다. 독서 후 이해도를 따지기 이전에, 내가 욕심낸 만큼 그리고 책을 본 만큼 정보가 넓게 그리고 정확히 눈에 인식되어야 한다. 그렇다면 중심 시야를 넓게 개선하는 방법은 무엇일까? 인지 시야 시폭 확대 훈련이 답이다. 일단 이곳에서 이론적 설명을 마치고, 나중에 〈부록〉을 통해 실전 연습을 해보자.

자, 우선 머리는 움직이지 않는다. 그 상태로 눈동자만 왼쪽 점에 초점을 맞추었다가 다시 오른쪽 점에 초점을 맞추고,

다시 아래로 내려와서 왼쪽 점에 초점을 맞추었다가 다시 오른쪽 점에 초점을 맞추는 형식으로 반복한다. 점이 선명하고 또렷하다고 생각하는 것이 중요하다. 빠르게 훈련하다보면 어느 순간 양쪽점이 거의 동시에 보이면서 점과 점 사이의 공간이 한눈에 보이기 시작한다.

몰입독해는 훈련이고 훈련은 반복이다. 반복을 통하여 발전하고 그에 맞추어서 우리의 두뇌도 적응해간다. 두뇌는 실제와 허상을 잘 구별하지 못한다. 눈을 감고 사과를 먹는 모습을 상상하면 실제 사과를 먹는 것처럼 입속에 침이 고인다. 우리가 실제 사과를 먹지는 않았지만, 먹었다고 착각하고 상황을 재현하는 것이다. 입에 침이 고이고 행복한 느낌이 드는 것처럼, 이 훈련을 하면서 '양쪽의 점이 다 보인다'라고 상상하면 실제 우리 두뇌는 그렇게 믿는다. 그리고 이런 시각 정보 인지 시스템이 머릿속에 기억될 것이다. 이것이 우리가 원하는 훈련 목표다.

이제 처음보다 확대된 인지 시야^{중심 시야}를 확인할 수 있다. 참으로 신기하지 않은가? 이렇듯 인간의 뇌는 무한한 가능성을 만들어낸다. 몰입독해는 더욱 많은 양의 글자를 한 번에 인식하고 정보를 처리하는 기술이다. 따라서 한 문장을 읽더라도 중앙에 있는 단어에 시선을 고정하고 눈을 움직이지 않은 채 가능한 많은 글자를 읽으려고 시도해보면 훈련의 깊이와 반복된 훈련으로 그 양이 점차 늘어나게 된다.

물론 처음에는 많은 양의 글자가 보여도 정확하게 인식하지는 못한다. '내가 빨리 읽어봤는데, 내용을 영 모르겠더라'라는 말은 초보자에게는 사실이다. 당연한 이치다. 초보자가 처음부터 한 페이지씩 쑥쑥 읽고 이해도 잘할 수 있다면 얼마나 좋겠는가? 하지만 처음부터 너무 무리한 훈련을 하지 말고 두세 단어에서 시작해 네 단어, 다섯 단어로 점진적인 훈련을 해야 한다. 그러다 보면 어느 새 한 줄이 보이고 한 문단이 보이게 될 것이다.

진도만 나가는 데
세 달이 걸린다면

5배속으로 공부할 수 있을까?

몰입독해를 위한 실전에 들어가도록 하자. 어떻게 하면 독해 속도를 높일 수 있는지 많은 사람이 궁금해 한다. 그런데 2~3배 빠르게 하는 정도라면 특별한 훈련이 필요 없다. 그저 집중할 수 있도록 주변 환경만 정리해도 충분하다. 집중을 유도하기 위하여 책상을 깨끗하게 치우고, 다음으로 눈이 부시지 않을 정도로 적당한 스탠드 조명을 준비한다. 너무 밝거나 어두운 조명은 눈의 피로를 가져온다. 마지막으로 명상을 통해 심신을 이완시키고 마음을 한 곳에 모은다. 이렇게 하기만 해도 2~3배 속도는 쉽게 달성할 수 있다.

그런데 이 이상의 속도를 원한다면 어떻게 해야 할까? 첫째, 명상을 통해 집중에서 몰입 단계로 들어간다. 몰입은 앞서 자세히 설명했으니 넘어가도록 하자. 둘째, 단어를 의미 덩어리로 보는 훈련을 한다. 이 훈련을 쉽게 하려면 인지 시야를 넓히고 두뇌를 융합하는 훈련이 필요하다. 셋째, 쉬운 책으로 빠르게 독해하는 패턴을 만들어 머리에서 받아들일 수 있게 반복한다. 이 책을 꼼꼼히 읽고 따른다면 단 세 시간 안에 훈련 목표를 달성 가능하다. 믿기 힘들다면 증거를 먼저 찾아보는 것도 좋다. 인터넷에 가면 세 시간 안에 5~10배속을 해내는 트레이닝 영상이 있다. 작은 노력으로 큰 성과를 얻을 수 있는데 믿을 수 없다며 시도하지 않는 사람들을 만나면 참으로 가슴 아프다. 잠깐의 훈련이 당신의 앞날을 바꾸게 될지 모른다.

상상력은 힘이 세다

KBS에서 방영한 다큐멘터리 〈마음〉은 '우리가 생각하고 상상할 동안 두뇌에서는 어떤 현상이 벌어지는가'라는 주제를 다루고 있다. 이 다큐멘터리는 공부하는 수험생에게도 좋은 힌트를 제공하는데, 우리에게 필요한 내용을 살펴보자면 다음과 같다. 미국 클리블랜드 병원 러너연구소에서 생각만으로 근력을 키울 수 있다는 연구 결과를 발표했다. 실제로 운동은 하지 않았지만 마음속으로 한다고 생각만 했더니 3개월의 훈련을 마친 후 근력이 15퍼센트 증가하는 사실이 관찰되었다. 만약 팔 근육을 강화하고 싶다면 실제 팔은 가만히 두면서 그 팔을 매우 힘차게 들어 올린다고 머릿속으로 생각하면 된다. 무엇을 어떻게 할지 생각하고 연습한다면 어떤 과제가 되었든 실제로 그것을 행해야 할 때 무척 간단하게 풀리는 것이다. 이는 이미 두뇌가 그 일을 하는 훈련을 해왔기 때문이다.

모든 것은 마음먹은 대로 이루어진다. 상상의 힘. 가상의 활동일지라도 자신이 직접 해낸다는 느낌으로 임하면 잠재의식을 통해 상황을 대처하는 능력이 커진다. 아테네 올림픽에서 첫 금메달을 딴 유도 국가대표 이원희 선수는 시합을 9초 남기고 금메달의 꿈을 이뤄냈다. 그는 평소에 상상의 힘을 잘 이용하는 선수로 유명하다. 이원희 선수는 경기 대진표가 나오면 상대 선수와 상상 대련을 통해 마음을 훈련했다. 마음속으로 벌이는 훈련이지만 동작이나 자세 하나하나를 실전과 똑같이 연습했다. 이런 이미지 트레이닝은 체력 소모나 한계가 없다는 장점을 지닌다.

실제와 상상을 구분하지 못하는 두뇌

또한 일본의 유명 선수 아사리 준코浅利 純子 역시 1993년 세계육상선수대회 여자 마라톤에서 금메달을 차지했다. 이 선수도 머릿속으로 이미지를 그리는 상상의 힘을 일찍이 깨달았다. 그래서 7개월 전부터 마라톤 코스를 달리고 있는 자신의 모습을 계속 머릿속에 그렸고, 그 결과 32킬로미터 지점에서 선두를 제치고 1위로 달리는 모습을 현실로 실현해냈다. 결국 이미지트레이닝이 꿈을 이루어준 것이다.

우리 두뇌는 실제 경험과 상상 경험을 구분하지 못한다. 이미지트레이닝은 바로 이런 두뇌의 맹점을 이용해 숨은 힘을 이용한다고 할 수 있다. 공부 속도를 높이는 일 또한 생각을 이용한 이미지트레이닝을 통해 얼마든지 가능성을 열어갈 수 있다.

꼼꼼히 공부해야 한다는 환상

그렇다고 영원히 생각만 하면 꿈은 생각 속에 머문다. 이미지트레이닝 못지않게 실전 훈련도 해야 한다. 그러려면 첫째, 몰입이 관건이다. 일상 속에서 남는 모든 시간에는 온통 몰입공부에 집중해보자. 지하철에서도 눈을 감고 훈련 프로그램을 따라 반복 훈련을 한다. 둘째, 정독에 집착하지 않는다.

셋째, 한 권에 승부를 걸자. 훈련을 할 때는 여러 종류의 책을 보는 것보다 한 권의 책을 가지고 익숙해질 때까지 끝없이 반복하는 것이 좋다. 몰입독해를 처음 접한 초급 단계에서는 쉬운 동화책으로 워밍업을 하지만, 되도록 빨리 이 단계를 마무리하고 중급으로 넘어간다.

중급 단계에서는 내가 목표로 하는 수험서나 각종 법전 등을 한 권 정하고 그 책 속 문장이 한눈에 들어오고 이해가 될 때까지 끝없이 반복한다. 이렇게 훈련한 수강생 전원은 자신이 원하던 각종 자격 고시에서 합격하고 성공했다. 한 과목을 한 번 공부하는데 세 달 이상 걸리는 공부법은 이제 경쟁에서 낙오된 기술이다. 무조건 천천히 꼼꼼하게 읽으면 합격한다는 비현실적인 희망은 이제 품지 말아야 한다.

넷째, 스스로를 믿어라. 모든 시대를 통틀어 성공한 사람이라면 모두 자기 자신을 믿어왔다. 그들은 내가 원하는 것을 생생하게 심상화하였고 간절히 염원하면 잠재된 내면의 무의식이 성공의 길로 인도한다고 믿어왔다. 생각하면 현실이 된다. 따라서 나는 이미 공부를 잘하는 사람이라는 생각을 유지하는 것이 중요하다. 미국에서 부와 명예를 한 몸에 받고 있는 토크쇼의 여왕 오프라 윈프리Oprah Winfrey가 매일 일기를 쓰는 이유도 바로 그것이다. 이미 이루어진 것처럼 심상화를 통해 생생하게 느끼는 것은 공부뿐만 아니라 우리 인생을 성공으로 이끄는 감추어진 비밀이다.

책 한 권을
통째로 외우게 하는 암기법

우리는 왜 공부해놓고 잊어버리는가?

기억이 존재하지 않는 인간의 삶은 생각할 수 없다. 기억이 있기에 나의 가족을 알아보고 직업을 갖고 일을 하며 삶을 영위할 수 있다. 기억이 없다면 과거는 없고 현재만 존재하므로 학습과 지식의 축적은 일어나지 않으며, 오늘날과 같은 인류사의 발전도 불가능하다. 우리가 어떤 텍스트를 잘 읽고 소화했는지 평가하려면 오로지 '머릿속에 담긴 내용을 얼마나 잘 꺼내어 쓰는가'를 알아보는 방법밖에 없다. 이를 위해 우리는 토론을 하거나 감상문을 쓰거나 요약이나 정리를 한다. 읽기는 읽었는데 마음속에서만 말이 머물고 그 느낌을 꺼내오지 못한다면 잘 읽었다고 할 수 없다.

우리는 왜 어떤 글을 열심히 읽어놓고 막상 내용을 말하려고 하면 꺼내오지 못하는 것일까? 그것은 잊어버렸기 때문이다. 그렇다면 우리는 왜 잊는가? 첫째, 충분하지 못한 학습이나 완벽하지 못한 독서를 했을 가능성이 있다. 둘째, 반복과 복습이 부족하다. 모든 학습과 독서는 반복이나 복습을 할수록 선명해진다. 기억력은 반복 횟수에 정비례한다. 셋째, 이해가 부족했다. 제대로 알지 못하면 기억은 뇌에서 멀어진다. 난이도가 쉬운 내용이라도 확실히 이해하지 못하면 선명한 기억을 바랄 수 없다. 넷째, 기억을 끄집어낼 단서가 없는 경우다. 어떤 연결고리나 힌트 같은 것이 있다면 줄줄이 사탕처럼 기억을 꺼내올 수 있다. 다섯째, 기억법을 활용할 줄 모른다. 기억법의 원리를 조금이라도 안다면 우리는 남보다도 쉽게 기억을 떠올

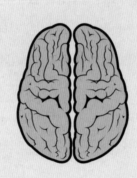

좌뇌와 우뇌의 기능

좌뇌	우뇌
수리 능력	영상 학습
계열 사고	공간 지각 능력
문자 학습	직관력
언어 표현 능력	음악 및 예술 능력
논리력	상상력
사고력	창조력
분석력	총체적 사고

릴 수 있다. 여섯째, 우뇌를 잘 사용하지 않는다. 좌뇌와 우뇌의 특성을 잘 파악하고 있다면 어떻게 해야 기억을 오래 가져갈 수 있는지 방법을 찾게 된다.

그렇다면 한 번 알게 된 정보를 다시 잊지 않으려면 어떻게 해야 할까? 기억에도 방법이 있다. 이는 크게 네 가지로 나뉘는데 간단히 정리하자면 다음과 같다.

· 기본적 기억법

결합법, 심상법, 변환법

· 언어적 기억법

반복암송법, 약음기억법, 변환기억법, 운율법, 이야기법, 숫자변환법, 고정변환법, 결부법, 대응법, 중복법, 유추법, 공식법, 연속결합법, 연상결합법, 심상일치법, 직결법, 직입법, 노래법, 의성의태법, 심상극대법

· 시각적 기억법

문자변환법, 도형법, 구체화법, 대표음법, 유사음법, 숫자그림변환법, 그림유추법, 도식법^{마인드맵}, 사진기억법, 영상화기억법

· 행동적 기억법

일상에서 찾을 수 있는 표식과 약속 등

이 외에도 무수히 많은 기억법이 존재한다. 그러나 걱정하지 말기를 바란다. 이렇게 많은 기억법에는 딱 하나의 공통분모가 있다. 바로 '시각'을 이용한다는 점이다. 기억법은 결코 어렵지 않다. 원리만 알면 너무 쉽게 사용할 수 있다.

테스트로 알아보는 기억력의 특성

지금부터 단어 10개를 가지고 테스트를 하나 해보자. 한 번에 한 단어씩 전부 읽고 나면 눈을 감고 마음속으로 열까지 센다. 그러고 나서 방금 전에 외웠던 단어 10개를 순서대로 떠올려본다. 자, 준비되었는가?

① 방문 ② 문고리 ③ 스위치 ④ 형광등 ⑤ 옷장
⑥ 스마트폰 ⑦ 책상 ⑧ 의자 ⑨ 거울 ⑩ 콘센트

아마도 순서대로 기억나는 것을 기록하라고 한다면 네 단어 이상 넘어가기가 어려웠을 것이다. 문자는 초단기 기억의 대상이지 장기 기억의 대상이 아니기 때문이다. 우리가 책을 읽는 방식은 좌뇌를 이용한 문자 학습에 가깝다. 논리적으로 분석하거나 수학적으로 사고하는 방식의 학습에는 좋을지 모르나 기억에는 큰 도움을 주지 못한다.

기억력 테스트를 위한 이미지

그럼 어떤 방식으로 공부해야 기억에 잘 남을까? 이번에는 그림으로 테스트해보자. 그림에는 마찬가지로 총 10개의 단어가 있다. 이번에도 마찬가지로 10개의 단어를 눈으로 보고 나서 눈을 감고 속으로 열까지 세자. 그리고 난 후에 방금 전 기억했던 10개의 단어를 순서대로 떠올려보라.

자, 이번에는 얼마나 기억했는가? 정답은 아래와 같다.

① 팻말 ② 조명등 ③ 책상 ④ 의자 ⑤ 시계

⑥ 꽃병 ⑦ 책장 ⑧ 에어컨 ⑨ 메모판 ⑩ 침대

평범한 성인이라면 평균 6개 이상 기억했을 것이다. 똑같은 사람이 테스트했는데, 어째서 이렇게 기억력의 차이가 나는 것일까? 우리가 기억해야 할 단어의 개수는 10개로 동일한데 말이다. 우선 좌뇌는 문자와 친하고 우뇌는 그림과 친하다. 그리고 이 테스트에서 알 수 있듯이 기억력에 관해서는 우뇌를 이용하는 것이, 즉 그림으로 처리하는 것이 문자로 처리하는 것보다 더 효율적이다.

몰입독해는 바로 이런 두뇌 특성을 활용한다. 책에서 읽은 내용 중 논리적이고 분석적인 정보는 우선 좌뇌가 문자로 받아들여 이해한다. 동시에 최종적으로 기억을 할 때는 이미지를 떠올리며 우뇌를 활용한다. 따라서 몰입독해를 훈련할 때는 단계별로 두 단어, 세 단어, 다시 네 단어를 거쳐 반 줄, 한 줄, 여러 줄을 인식하는 훈련을 한다. 또한 각 단계마다 정보의 덩어리를 매우 빠르게 영상그림으로 변환하고 저장하는 방법을 터득해야 하는데, 이는 매우 중요하다. 초보자에게는 변환 기술과 경험이 부족해서 많이 어색하고 힘들어한다.

단어를 다른 단어로 바꾸는 '변환법'

우리는 이제 문자보다는 그림으로 정보를 처리하는 것이 효율적이라는 사실을 알았다. 10개의 단어를 가지고 했던 기억력 테스트에 나온 단어는 전부 구체적 형태가 있는 명사였기에 그나마 조금 쉬웠을 것이다. 그런데 실전 공부 중 기억해야 하는 개념어 가운데 모양이 있는 것은 절반도 되지 않는다. 엔트로피, 자본주의, 인플레이션 등은 일반인도 흔히 알고 있는 용어지만 모두 구체적 형상이 없다. 그러니 잠시 동안은 잊지 않을 수 있겠지만 금방 기억의 방에서 사라지고 말 것이다.

이때 변환법이라는 기술이 필요하다. 만약 '시간'이라는 용어를 처음 접했다고 한다면 이를 시계나 달력으로 바꿔서 기억하면 된다. 그러면 기억력은 더욱 효율적으로 발전할 것이다.

변환법의 원리는 다음과 같다.

```
막연한 의미 → 뚜렷한 의미 → 모양 → 느낌 → 기억
```

변환에서 가장 중요한 절차는 막연한 단어를 뚜렷한 단어로 바꾸는 것이다. 그리고 구체적이고 즉각 연상되는 단어로 모양을 만든 다음 해당 단어에 대한 느낌을 추가하면 기억이 쉽게 된다. 변환법의 가장 첫 단계인 단어 바꾸기를 연습해보자. 먼저 예를 들어보겠다.

· 두통 → 타이레놀
· 교육 → 연필
· 추억 → 사진
· 구조 → 구급차
· 결혼 → 반지

이번에는 아래 단어를 직접 바꾸어보자. 무엇이든 좋다.

우선은 난이도 하로 시작하겠다.

- · 더위 → [   ]
- · 여행 → [   ]
- · 질투 → [   ]
- · 폭락 → [   ]
- · 문명 → [   ]

어떤가? 처음이라 쉽지 않았다는 사람도 있고, 누군가는 '이 정도쯤이야!'라며 술술 써내려갔을 수도 있다. 그럼 이번에는 어려운 단계로 가보자.

- · 민주주의 → [   ]
- · 형사소송 → [   ]
- · 실존분석 → [   ]
- · 자유의지 → [   ]
- · 전기저항 → [   ]

어떤가? 처음이라 쉽지 않을 수 있다. 법학, 사회학, 과학 등을 공부한다고 하면 이런 추상적이고 형이상학적인 단어를 만나게 될 텐데, 이를 자신만의 스타일로 그린다는 것은 쉽지 않다. 그러나 일주일 정도 수험서나 교과서에 핵심 단어를 체크해 그림으로 그리다 보면 자연히 터득하여 독특한 노하우가 생겨날 것이다.

생각에 생각을 묶는 '결합법'

결합법은 이미 내가 알고 있는 특정 장소에 기억할 단어를 연결하여 단단히 묶는 활동이다. 결합법의 원리는 매우 간단하다. 예를 들어 내 방에서 창문을 열면 커다란 나무가 있다고 해보자. 봄이 되자 따뜻한 남쪽 나라에서 예쁜 파랑새가 한 마리가 날아와 나뭇가지에 둥지를 만들고 살았다. 시간이 흘러 서늘한 가을이 오자 파랑새는 다시 남쪽 나라로 되돌아갔다. 이제 파랑새는 없고 커다란 나무만이 그 자리에 변함없이 서 있다. 그러나 파랑새가 없어진 나무를 무심코 바라보면 우리는 나도 모르게 파랑새의 모습이 떠오를 것이다.

이번에는 간단히 실습을 해보자. 여기에 10개의 단어가 있다. 한 번만 보고 순서대로 기억해보자. '바나나, 김치, 문어, 밤송이, 국수, 뱀, 벌레, 사과, 떡볶이, 홍시.' 눈을 감고 스스로 확인해보자. 몇 개나 기억하는가? 이번에는 방안의 풍경에 10개의 단어를 결합해보겠다. '공부방 팻말 아래에 커다랗고 무거운 바나나 한 송이가 맛있는 냄새를 풍기며 매달려 있다. 한편 전등에는 김치가 매달려 있고 김치 국물이 뚝뚝 떨어지고 있다. 수박보다 커다란 문어가 책상을 기어가고 있는데, 의자 위에는 밤송이가 있어서 의자에 앉으려다가 엉덩이를 가시에 찔렸다. 시계의 분침에는 국수 가락이 달린 채 이리저리 흔들리고 있고, 꽃병의 꽃이 너무 예뻐서 향기를 맡으려 코를 가까이 했다가 뱀에게 코를 물렸다. 책장에서 책을 한 권 꺼냈는데 책장 안에 벌레 백 마리가 우글거리고 있고, 에어컨을 켰더니 시원한 바람 대신 사과가 마구 쏟아진다. 메모판에 메모지를 붙이려고 했지만 누군가 떡볶이를 던져 덕지덕지 묻혀 놓았다.

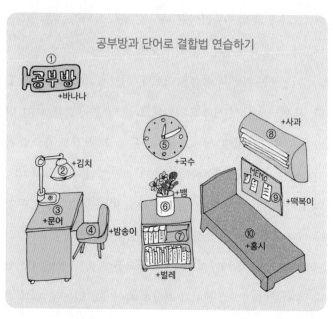

공부방과 단어로 결합법 연습하기

① +바나나
② +김치
③ +문어
④ +밤송이
⑤ +국수
⑥ +뱀
⑦ +벌레
⑧ +사과
⑨ +떡볶이
⑩ +홍시

모든 일이 귀찮아져 침대로 돌아가 잠을 자려고 했는데 이불 위 홍시가 터져서 침대를 오염시켰다.'

꼭 똑같이 할 필요는 없다. 자신이 생각하기에 쉬운 방식으로 결합시키면 충분하다. 이처럼 이미 기억하고 있는 장소에 기억해야 할 단어를 결합하면 머릿속이 환하게 정리된다. 집에서 학교나 학원까지, 또는 집에서 공원까지 걸어가면서 장소를 구분해놓으면 백 개든 천 개든 기억할 수 있다. 아파트에 산다고 한다면 '현관문, 엘리베이터 입구, 엘리베이터 속 거울, 우편함을 지나 공동 현관문, 경비실을 거쳐 편의점에 가고, 편의점 빵 코너를 둘러본 후 냉장고에 들렀다가 계산대에 서서…' 하는 식으로 장소를 얼마든 쪼개어 나눌 수 있다.

SBS 〈스타킹〉에 출연해 2분 만에 단어 50개를 기억하여 시청자를 놀라게 했던 장지우 군도 이런 방법을 이용했다. 이런 풍경 이미지를 머릿속에 다섯 장 준비해두었다가 방송국에서 제시한 단어를 그림과 결합하여 짧은 시간 내에 모두 기억했던 것이다. 헌법을 줄줄 암기해야 하는 법학도, 기술사나 건축사 시험을 준비하며 작업 순서를 외워야 하는 수험생도 모두 결합법을 이용하면 효율적으로 학습할 수 있는 것이다.

교과서를 통으로 암기하다

'원숭이 엉덩이는 빨개'라는 가사로 시작하는 노래를 어린 시절 불러본 경험이 있을 것이다. 이 노래는 우리에게 암기에 대한 큰 힌트를 준다. 원숭이, 사과, 바나나, 기차 등 노래 속 키워드는 마치 클립에 클립을 엮어놓은 듯이 연결되어 있다. 그래서 어린 아이부터 어른까지 누구나 쉽게 기억할 수 있다. 만약 중간에 단어 하나를 깜박 잊는다면 연결고리가 사라져 그다음으로 진행이 되지 않는다는 단점이 있지만, 이는 여러 번 반복하면 극복할 수 있는 문제다.

그렇다면 이 노래의 암기법을 응용해서 교재를 통으로 암기할 방법을 찾아보자. 교과서나 수험서의 차례를 살펴보면 큰 제목이 연달아 나온다. 그럼 큰 제목 중에서 가장 핵심이 되는 단어를 종이에 가로로 적어보자. 다음으로 큰 제목의 해당 페이지를 펼쳐보면 작은 제목이 나누어져 있을 것이다. 작은 제목에서도 역시 핵심 키워드를 찾아 큰 제목 아래에 늘어놓는다. 마지막으로 큰 제목아래 각 작은 제목의 내용을 공부하면서 핵심 키워드를 형광펜으로 표시하거나 펜으로 동그라미를 그리고, 이 핵심 키워드를 작은 제목 옆에 연결고리처럼 나열한다. 이렇게 하면 교과서 전체 내용을 3차원 지도로 만들 수 있다.

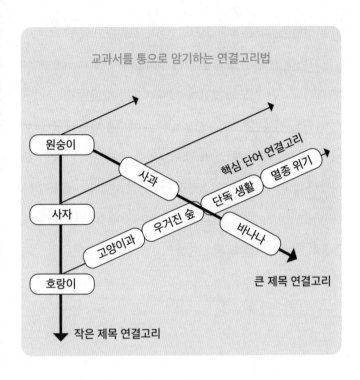

교과서를 통으로 암기하는 연결고리법

원숭이

사과

핵심 단어 연결고리

멸종 위기

단독 생활

사자

우거진 숲

고양이과

바나나

호랑이

큰 제목 연결고리

작은 제목 연결고리

이러한 방법을 '연결고리법'이라고 부르는데, 실전에서 사용하기 좋은 매우 유용한 기술이다. 앞서 소개한 장지우 군의 이야기를 한 번 더 꺼내보자. 당시 초등학교 4학년이던 이 학생은 독해와 암기에 뛰어난 실력을 보였고, 단어 50개를 암기하는 테스트를 어렵지 않게 소화해냈다. 하지만 게스트로 출연한

다른 연예인은 보통 5개 정도에 그치는 모습을 보였다.

그런데 촬영 후 놀라운 일이 일어났다. 진행자 강호동 씨가 자신도 20개 정도는 말할 수 있다고 하는 것 아닌가? 그러면서 자신도 기억법을 조금 알고 있다며 설명을 하는데, 들어보니 바로 '연결고리법'이었다. 방송을 진행하다보면 기억해야 할 사항이 많고, 그래서 자연스럽게 터득하게 되었다는 설명이 뒤를 따랐다. 이처럼 연결고리법은 공부뿐만 아니라 다양한 일에 응용할 수 있는 쉽고도 효율적인 기술이다.

인간의 머리는
글자가 아닌 장면을 기억한다

수능 영단어, 3개월이면 끝낸다

몰입공부는 독해한 내용을 머릿속에서 이미지화하는 것을 통해 완성된다. 그런데 이때 쓰이는 '이미지화 기법'은 다양한 암기에 활용된다. 수능이나 공무원 시험 등을 준비하는 수험생이라면 암기 때문에 골치가 아픈 일이 많을 것이다. 특히 고등학생 정도만 되어도 영어 단어 수준이 점점 높아진다. 단순한

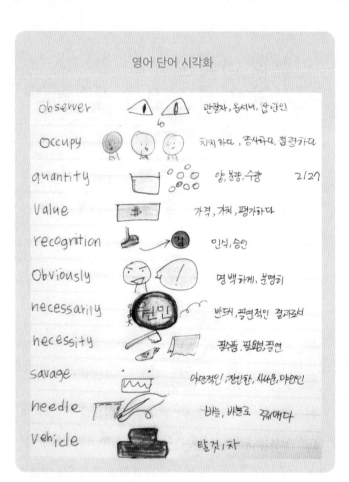

영어 단어 시각화

observer	관찰자, 옵서버, 참관인
occupy	차지하다, 종사하다, 점령하다
quantity	양, 분량, 수량 2/27
value	가격, 가치, 평가하다
recognition	인식, 승인
obviously	명백하게, 분명히
necessarily	반드시, 필연적인 결과로서
necessity	필수품, 필요성, 필연
savage	야만적인, 잔인한, 사나운, 야만인
needle	바늘, 바느로 꿰매다
vehicle	탈것, 차

사물을 지칭하는 명사에서 섬세한 고급 어휘로 난도가 올라간

다. 'apple사과' 'banana바나나' 'car자동차'와 같이 모습이 있는 단

어는 기억하기 쉽지만 모양이 없는 단어는 그렇지 않다. 'value가치' 'recognition인식' 'obviously확실히' 등이 그러하다. 이런 단어는 형태가 없으므로 문자로 기억해야 한다. 기억은 머릿속에 그림으로 그려져야 장기적으로 남는데, 그렇지 못하니 기억의 저장고에서 빠르게 날아간다.

이럴 때는 좋은 방법이 있다. 모르는 단어를 공책에 적고 바로 그 옆에 그림을 그려 시각화하는 것이다. 좌뇌형 학습 스타일을 가져서 문자로만 공부했던 학생이라면 이 과정을 상당히 어려워한다. 그러나 일주일에서 보름만 지속하면 어떤 추상적 단어도 이미지로 표현할 수 있게 된다. 서점에 들러 자기 수준에 맞는 단어집을 사서 그 책의 빈칸에 직접 삽화를 그려 넣어도 무방하다. '하루에 단어 몇 개'라고 목표를 세우고 수십 번씩 철자를 반복해서 쓰는 학생이 있는데, 이는 고통 속에서 시간을 낭비할 뿐이다. 또한 시각화는 암기와 몰입독해 두 가지 모두에서 활용되는 기술인만큼 암기를 잘할수록 독해를 잘하고, 반대로 독해를 잘할수록 암기를 잘하게 된다.

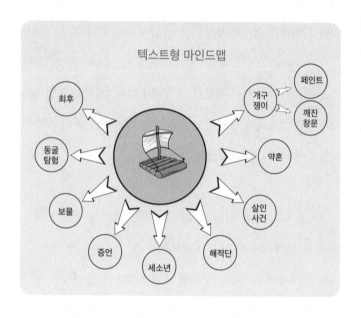

텍스트형 마인드맵

마인드맵, 생각에도 지도가 필요하다

생각을 정리하는 기술 중 이처럼 쉽고 편한 것은 없을 정
도라는 평가가 있을 정도로 지식인들은 마인드맵을 자주 사용
한다. 여기에서는 마크 트웨인Mark Twain의 소설 《톰 소여의 모
험》을 가지고 예를 들어보자. 차례를 보며 간단히 키워드를 정
리한다. 나중에 내용을 잘 떠올릴 수 있으려면 전체적인 상징

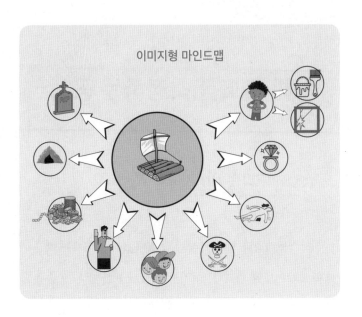

이미지형 마인드맵

성이 있는 키워드를 택해야 한다.

당신은 텍스트형 마인드맵과 이미지형 마인드맵 중에서 어떤 쪽이 더 잘 기억에 남을 것이라고 생각하는가? 당연히 이미지형 마인드맵이 머릿속에 더 오래 머무를 것이다. 몰입공부를 한 후에 마인드맵으로 정리하고 각각의 그림 안이나 아래에 글을 더해놓는다면 최상의 요약정리가 완성된다.

독해 속도를 측정하는 공식

머리에 습관을 새겨라

눈 스트레칭과 시야 확대 훈련을 마쳤다면 이제는 책을 가지고 트레이닝할 차례다. 여기서 가장 중요한 것은 연습용 교재를 선정하는 일이다. '지금 시험을 준비 중인데 수험서나 전공 서적으로 훈련해도 될까요?'라고 묻는 사람이 있다. 하지만 당신은 초보자다. 당연히 초보자가 처음부터 빨리 읽으면 내용이 머리에 들어오지 않는다. 그리고 쉽게 포기할 수밖에 없다.

지금부터 포기하지 않고 성공하기 위한 '연습용 교재' 선정법을 알아보겠다. 우선 아주 쉬운 책을 골라야 한다. 예를 들어 어린이 동화 정도면 아주 좋다. 굳이 읽지 않아도 제목이나 책 표지를 대충 살핀 것만으로 내용을 알 수 있는 도서가 훈련에 적합한 책이다. 그림까지 그려져 있다면 더욱 훌륭한 교재다. 그 이유는 몰입독해에서 정보가 최종적으로 그림처럼 우뇌에 저장되기 때문이다. 초보 시절부터 모든 정보를 시각화하는 훈련이 저절로 되니 아주 적절하다.

이렇게 쉬운 동화책으로 가속도가 붙은 상태에서 반복 훈련하면 우리 두뇌는 빨리 읽어도 이해가되는 구조로 금세 바뀐다. 이는 아주 쉬운 책으로 연습했기 때문에 뇌에서 긍정적 판단을 내려 새로운 습관을 받아들인 결과로, 빠른 독해 습관이 장착되었다고 표현할 수 있다. 한 번 만들어진 습관을 계속 활용하려면 반복 훈련이 최고의 지름길이다. 총 글자 수가 1천 200자 정도되는 책을 30초 안에 읽을 수 있을 때까지 한 권의 책을 가지고 계속 연습해서 숙달시킨다. 한 권에 30초라는 목표가 달성되면 글자 수가 비슷한 다른 책을 빠르게 읽어본다. 습관이 잘 잡혔다면 다른 책을 읽어보아도 30초 이내로 읽기를 마무리 할 수 있다. 그럼 점점 글자 수가 많은 책으로 올라가보자. 처음에는 1천 200자 수준이었지만 곧 2천 500자 수준으로 넘어가고, 3천 500자에서 6천 자, 1만 6천 자에서 3만 자, 5만 자, 8만 자를 넘어 10만 자까지 도전해보자.

일반 성인의 평균은 '1분에 500자'

그런데 책의 총 글자 수는 어떻게 알 수 있을까? 가장 정확한 방법은 한 글자씩 세어보는 것이지만, 굳이 그렇게 할 필요는 없다. 책 전체를 쓱 넘겨본 후에 표준이 될 만한 페이지를 하나 고르고 그 페이지의 글자 수를 세어보자. 이때 띄어쓰기를 포함하여 세도록 한다. 이제 그 페이지의 글자 수와 총 페이지 수를 곱하면 책의 대략적인 총 글자 수가 산출된다. 그림이 많이 들어 있는 책이라면 그림이 있는 페이지는 곱할 때 빼도록 하자. 이렇게 계산하면 5~15퍼센트 정도 오차가 생기지만, 크게 중요하지 않은 수준이다.

그럼 이번에는 내가 읽은 양을 측정하는 방법을 알아보자.

마라톤 선수가 매번 훈련할 때마다 자신의 기록을 재듯이 독해를 훈련할 때도 나의 정확한 기록을 측정하면 좋다. 이를 위해 1분 동안 읽을 수 있는 글자 수를 확인한다. 공식은 다음과 같다.

1분당 독해한 글자 수 = 책의 총 글자 수 ÷ 읽은 시간^{초 단위} × 60

참고로 일반 성인의 독해 속도는 평균 400~600자 정도다. 따라서 내가 1분당 6천 자를 읽었다면 10배속으로 읽었다는 의미다. 속도가 어디까지 올라갈 수 있는지는 개인의 정보 능력, 독서 배경 스키마^{사전 지식}, 인지하고 집중하는 능력, 심리 상태와 성격 등 수많은 요인에 따른다. 초보 상태에서 독해 습관이 어느 정도 완성되면 이제 전문 서적이나 수험서로 넘어가 얼마나 더 빨리 공부할 수 있는지 평가해본다. 소설 같은 이야기책과 수험서를 병행해가면서 훈련해도 무방하다.

5장

몰입공부를
위한
중급 트레이닝

'의미의 덩어리'가 모여
글이 된다

의미를 이루는 하나의 단위, 청크

이제부터는 기초 습관을 완성한 중급자를 위해 몰입독해를 더 넓고 깊이 활용하는 방법을 알아보자. 첫 번째 관심사는 '이해력'이다. 어떻게 훈련해야 빠르게 읽으면서도 이해 능력이 확장될까? 이해력 확장의 가장 근본적인 해결책은 사실 '많이 읽는 것'에 있다. 두 말 할 필요도 없다.

이해 능력을 향상시킬 수 있는 가장 기초적인 해결 방법은 다양한 텍스트를 많이 읽어서 어떤 상황이 책 속에서 펼쳐지더라도 가볍게 받아들이는 것이다. 정치 과목을 공부하는 학생이 있다고 해보자. 그 내용을 여러 교재에서 접했고, 정치적 사건을 소설이나 시와 같은 문학으로도 만났으며, 평소에 신문과 잡지를 자주 읽어 현대 정치와도 연결할 수 있다면 이 학생은 정치 과목을 공부하며 이해력이 부족해 어려움을 겪을 일이 없을 것이다.

무의미한 알파벳의 나열

하지만 모든 사람이 공부를 위해 다독을 할 수는 없다. 이해력을 높일 또 다른 방법을 찾아보자. 인간의 두뇌는 정보를 해석하는 순간 정보가 의미의 단위로 묶여 있을 때 훨씬 더 쉽게 지식을 흡수한다. 간단히 실험해보자.

```
KBSSBSYTNMBCCCNBBC
```

이 알파벳의 나열은 우리에게 아무 의미가 없다. 그러나 의미 있는 청크chunk, 하나의 단위로 묶일 수 있는 단어들 기준으로 나누어보면 눈에 쉽게 들어온다.

```
KBS SBS YTN MBC CCN BBC
```

어떤가? 방송국 이름이라는 사실이 한 번에 파악되지 않는가? 이번에는 김유정의 소설 〈동백꽃〉의 도입부를 의미 단위로 나누어보자.

```
오늘도 또 우리 수탉이 막 쫓기었다. 내가 점심을 먹고 나
무를 하러 갈 양으로 나올 때였다. 산으로 올라서려니까 등
뒤에서 푸르득푸드득 하고 닭의 횃소리가 야단이다.
```

이 글을 의미 단위로 나눈다면 이렇게 된다. 단, 이 글은 연습용으로 만든 것이라서 쉽게 구분할 수 있지만 실전에서는 조금 더 복잡할 것이다.

오늘도 또 우리 수탉이 막 쫓기었다. / 내가 점심을 먹고 나무를 하러 갈 양으로 나올 때였다. / 산으로 올라서려니까 등 뒤에서 푸르득푸르득 하고 닭의 횃소리가 야단이다.

우리는 이렇게 '의미 있는 단위'로 분해해서 글을 보는 훈련이 필요하다. 무조건 한 페이지를 한 순간 다 보고 이해하면 좋겠지만 그것은 아주 높은 경지의 고수만이 할 수 있는 기술이다. 실제로 아주 빠르게 독해하는 사람을 지켜보면 1초 만에 한 페이지를 그냥 읽는 것처럼 느껴진다. 그러나 직접 지도했던 학생들은 1초라는 극히 짧은 시간 동안 한 페이지를 보고 해당 페이지의 전체 숲을 만들고, 단락과 문단별로 이해할 수 있는 의미 묶음을 파악하고, 핵심 키워드를 기억하는 모습을 보였다. 따라서 몰입독해를 제대로 하려면 의미 단위로 묶어서 읽는 습관을 통해 이해력을 확장시켜야 한다.

무협지 좋아하던 친구의 독해 속도가 빠른 이유

다음으로 넘어가서, 직관 능력을 이용해 큰 틀에서 독해하도록 해보자. 초보자가 책을 읽을 때는 논리적으로 단어 하나하나의 의미와 정보를 분석하게 된다. 당연히 이렇게 읽으면 책을 정확히 읽은 것 같은 느낌이 든다. 그러나 실제 성인을 대상으로 검사해보면 이해도가 60퍼센트를 넘는 경우는 드물다. 글을 읽고 감동은 받았지만 바로 그 줄거리를 열 줄 쓰기도 벅차한다. 공부로 따지자면 열심히 한 것 같은데 실제 시험 점수는 제자리인 상황이다. 이제껏 습관처럼 이렇게 읽어왔으니 어쩔 도리가 없다. 당연히 시간만 많이 걸리고 얻는 것이 부족하다. 소설 같은 경우야 큰 문제가 없지만 학습을 위해 집어든 수험서라면 문제가 된다. 일단 이해도는 둘째치

고서라도 시간이 많이 소요되기 때문에 진도를 나갈 흥미가 떨어진다.

그러나 몰입독해를 꾸준히 실천한 사람은 이해력이 향상되어 점점 직관을 이용해 우뇌로 글자를 읽기 시작한다. 직관 능력은 바로 독해 속도와 밀접한 관련이 있다. 주변에 가벼운 무협지 같은 책을 흥미 있게 잘 읽어내는 친구가 있는가? 무협지의 배경이나 스토리는 크게 차이가 없이 그 내용이 그 내용인 경우가 많다. 그래서 무협이면 무협, 로맨스면 로맨스처럼 같은 분야의 책을 모아 많이 읽게 되면 나중에는 자연스럽게 독해 속도가 높아지고는 한다. 이런 경우 이해력이 좋아져서 논리적, 분석적으로 꼼꼼히 읽지 않아도 직관적 이해력이 확충되어 빠르게 독해할 수 있다.

'질문'을 해야 답이 나온다

독해하기 전 책을 읽는 목적을 정하는 것도 중요하다. 책을 읽기 전에 사전 검토 차원에서 전체를 휙 하고 빠르게 넘겨보고, 책의 앞머리에 있는 차례를 통해 질문을 만들어보자. 쉬운 예를 들어보면 다음과 같다.

1장 나비가 사라졌다 → 나비가 어디로 사라졌을까?

2장 끝나지 않는 겨울 → 겨울은 왜 끝나지 않게 되었을까?

3장 봄을 찾아서 → 봄을 어떻게 찾을 수 있을까?

이런 질문 목록은 스토리 전체의 흐름과 핵심 사항을 잘 파악할 수 있도록 돕기 때문에 독해할 때 이해력에 큰 도움이 된다. 질문이란 결국 '평가'다. 질문에 대한 답을 잘 알아냈다면 완벽한 독해를 한 셈이다.

여기에 한 가지 덧붙여보자면, 전문 서적을 읽을 때에는 사전과 문맥을 이용하여 어휘력을 확충하고 집중력을 높이는 것이 좋다. 필요하다면 정독과 같은 방법을 적절히 섞을 수도 있으며, 여러 번 반복해서 읽고 문단의 구조까지도 파악할 수 있게 노력해야 한다. 단, 너무 천천히 느리게 완벽히 읽으려고 할수록 두뇌는 더 피곤해지며 이해도도 떨어진다. 몰입해서 여러 번 읽는 것이 이해력을 확장하는 지름길이라는 사실을 잊지 말자.

스피드를 떨어뜨리는 습관,
속발음 없애기

'자꾸만 속으로 소리 내서 읽어요'

몰입독해를 열심히 연습했는데도 한 가지 습관 때문에 공부 속도가 나지 않아 고민인 학생들을 자주 만난다. 바로 '속발음'이다. 속발음은 우리가 글자를 처음 배울 때 음독했던 습관이 지속된 결과로, 이제는 음독할 필요가 없어졌는데도 마음속에서 소리 내는 습관이 계속 유지되는 현상이다. 실제 입 밖으로 소리 내지는 않지만 마음속에서는 음독을 하는 것처럼 느껴진다.

　　독해에서 속발음은 장단점을 모두 가지고 있다. 따라서 속발음이 무조건 나쁜 것은 아니다. 음독으로 읽어야 할 글을 접할 때는 매우 유용하다. 시를 읽는다든가 운율이 있는 문장을 읽고 있다면 소리를 내어 낭독해야만 읽은 느낌이 난다. 그러나 독해 속도를 빨리 하고자 한다면 속발음은 방해꾼에 지나지 않는다. 또한 속발음 때문에 이해도가 현저하게 떨어지는 경향도 있다. 이제까지의 독서를 통한 정보 취득은 '눈으로 보면서 속발음을 통한 정보의 확인'을 거쳐왔다. 그러니 속발음을 하지 않으면 이해가 되지 않는 것처럼 느껴진다.

　　속발음을 한다고 무조건 나쁜 것은 아니라고 했다. 정확하고 빠른 속발음은 독해에 익숙하지 않은 초보자에게 오히려 도움을 줄 수도 있다. 그러나 몰입독해처럼 5배속 이상의 속도를 요할 때는 다르다. 눈을 통해 들어오는 많은 정보를 발음 속도가 따라가지 못해서 정보 처리의 병목 현상이 생긴다. 이럴 때 책은 읽었지만 내용을 모르는 멍한 기분, 아주 미묘하게 불편한 느낌이 생긴다.

무조건 나쁜 습관은 아니다

결론을 정리해보자. '나는 5배속 정도로도 충분하다'고 생각하는 사람이라면 굳이 속발음을 없앨 이유가 없다. 속발음을 없애려다 독해력이 떨어지는 현상이 다가오면 더 큰 혼란을 겪기 때문이다. 하지만 그 이상의 속도를 얻고 싶은 사람이라면 속발음을 제거해야 한다. 이럴 때는 어떻게 해야 할까? 속발음은 문자를 한 글자 한 글자씩 볼 때 생기는 일반적 현상이다. 여러 단어를 덩어리로 한 번에 본다면 속발음을 하고 싶어도 할 수가 없다.

몰입독해는 좌뇌와 우뇌가 하나로 융합되어 이뤄진다. 좌뇌는 문자를 해독하고 우뇌는 그림과 같은 이미지를 기억한다. 문자들의 덩어리를 이미지화해서 본다면 속으로 발음을 떠올릴 수가 없다. 예를 들어서 그림을 소리 내어서 읽을 수 없듯이, 문자를 이미지로 보면 읽고 싶어도 읽을 수가 없는 것이다. 따라서 속발음이 난다는 것은 몰입독해가 불완전하다는 증거

다. 이럴 때는 이해도가 떨어지더라도 스피드를 더 과감히 내

보면 좋다. 또한 속발음은 심리적인 측면도 강하다. 가령 '코끼

리를 생각하지 마'라고 주문하면 코끼리 생각이 더 나듯이 속

발음을 없애려 신경을 쓰면 쓸수록 더욱 불편하게 속발음이 다

가온다. 독해 습관이 완성되면 자연히 없어지므로 너무 주의를

기울이지 말고 무시하는 것이 좋다.

　　한글로 '사과'라고 적혀 있으면 이 글자는 읽을 수 있지만,

사과 그림은 발음을 내서 읽을 수가 없다. 속발음이 생긴다는

것은 문자를 이미지로 보지 않고 글자로 인식하기 때문이라는

점을 느꼈다면, 이번에는 글자를 이미지로 보는 트레이닝을 해

보자. 글자를 이미지로 전환하려면 여러 개의 단어를 하나의 이미지로 만들어야 한다.

처음에는 네 개의 점을 동시에 보도록 한다. 이때, 네 개의 점을 발음해서 읽을 수 있는가? 글자가 아니므로 읽을 수 없다. 이것이 익숙해지면 네 개의 점이 아니라 네 개의 단어를 동시에 하나의 덩어리로 보게 된다. 그럼 속발음을 할 수 없다. 이 훈련을 빠르게 한 다음 실전 독해에 들어가서는 한 줄의 절반을 묶어 읽는 것으로 전환한다. 반 줄을 왼쪽에서 오른쪽으로 '읽는' 것이 아니다. 반 줄 정도를 한 번에 '보고' 이해하는 것이다. 자, 어렵게 느낄 필요 없다. 가벼운 마음으로 시도해보자.

영어 빠르게 읽기와
영어 빠르게 듣기도 원리는 같다

국어 지문만큼이나 긴 외국어 지문

매년 11월이면 대학수학능력시험이 치러진다. 누구나 느끼겠지만 수능은 시간과의 싸움이다. 1교시에는 국어^{언어영역}가 시작된다. 수험생들은 긴 지문으로 인하여 시간 부족을 느끼며 문제를 푼다. TV에서는 쩔쩔매고 있는 학생이 화면에 나온다. 이 시험이 끝나면 안도의 한숨을 내쉬는 학생도 있지만,

곧 3교시 영어외국어영역가 시작되면서 다시 시간 압박을 느낀다. 그런데 이번에는 지문이 길다고 불평하는 사람이 줄어든다. '내 영어 실력이 부족해서 그렇겠지' 하고 체념해버린 것이다. 그런데 수능 국어 시험지와 영어 시험지를 구해놓고 나란히 펼쳐보라. 두 과목의 지문 총량이 엇비슷하다는 사실을 깨닫게 된다.

다수의 영어 교육 전문가는 수능 영어를 위해 공부해야 하는 수준이 그렇게 높지 않다고 말한다. 영어 실력이 어느 정도 쌓였다고 가정한다면, 국어에 비해 훨씬 쉬운 글이 나온다는 것이다. 그래서 영어 독해만 조금 빨리 할 수 있다면 누구나 좋은 성적을 받을 수 있다. 문제는 제시간 내에 정답 풀이가 가능해야 한다는 점이다. 어떻게 하면 수능뿐만 아니라 각종 영어 시험에서 시간 내에 여유를 느낄 수 있을까? 기본적인 어휘력이나 해석 능력을 가졌다고 생각했을 때, 독해 속도를 3~5배 높일 방법을 알아보자.

우선 시간 내에 빨리 읽는 기술, 즉 몰입독해 능력이 필요하다. 한글을 빠르게 읽어내는 것과 영어를 빠르게 읽어내는 것은 기술적인 측면에서 별반 차이가 없다. 다만, 각 나라별로 언어적 인지 방법이 다르고 어순이 바뀌어 나오기 때문에 처음 외국어를 스피드 있게 읽으려면 조금 어색할 수 있다.

이를 극복하기 위하여 시중에는 '영어 직독직해'에 대하여 많은 가이드가 나와 있다. 몰입독해와 직독직해의 결합은 영어 읽기에 날개를 달아준다. 사실, 우리가 한국말을 배울 때는 문법 같은 요소를 따로 익히지 않았다. 영어를 공부할 때도 문법만 너무 강조하다보면 오히려 힘들어지기도 한다.

혼자서 연습해도 충분한 영어 듣기

그럼 듣기는 어떨까? 영어 대화를 듣다보면 분명히 아는 단어와 문장인데도 속도가 너무 빨라 놓치는 경우가 있다. 이를 해결하기 위한 7단계 코스를 안내하겠다. 음원 듣기와 지문 읽기를 함께 병행함으로써 읽기와 듣기 속도를 모두 높이는 방법이다.

첫째, 나에게 알맞은 교재를 하나 구입한다. 각자 실력에 맞는 책을 구입하면 되는데, 처음에는 약간 쉬운 책을 선택해 빨리 듣는 훈련을 하는 것이 좋다. 기초 훈련이 끝나면 실제 시험 수준으로 레벨을 높이도록 하자.

둘째, 교재를 구입했다면 음원을 구한다. 보통 교재를 출판한 출판사에서 파일 형태로 제공한다. 이 음원을 들을 때는 1.5배속, 2배속, 3배속, 4배속으로 나아갈 예정이다. 윈도우 미디어 플레이어라면 마우스 오른쪽 버튼을 눌러 '고급 기능'에 들어가 재생 속도를 설정할 수 있다. 이 외에도 대부분의 음원 재생 프로그램이 속도 조절 기능을 지원한다.

셋째, 이제는 듣기와 읽기를 반복할 것이다. 처음에는 1배속으로 들어본다. 그리고 해당 음원의 대본을 찾아 읽는데 그 시간을 초시계를 이용하여 잰다. 이번에는 대본의 문장을 의미상 최소 단위에 따라 묶어놓고 1.5배속으로 들어본다. 그리고 의미상 최소 단위에 따라 읽는데 걸리는 시간을 역시 측정한

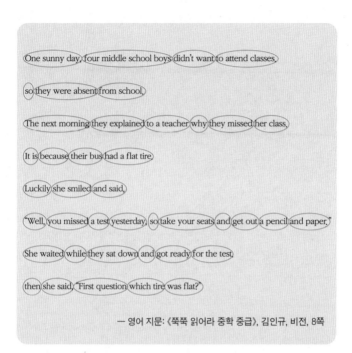

One sunny day, four middle school boys didn't want to attend classes,

so they were absent from school.

The next morning they explained to a teacher why they missed her class.

It is because their bus had a flat tire.

Luckily she smiled and said,

"Well, you missed a test yesterday, so take your seats and get out a pencil and paper."

She waited while they sat down and got ready for the test,

then she said, "First question which tire was flat?"

— 영어 지문: 《쭉쭉 읽어라 중학 중급》, 김인규, 비전, 8쪽

다. 어떠한가? 읽는데 걸리는 시간이 줄어드는 것을 확인할 수 있을 것이다. 이때, 의미 있는 덩어리 단위구와 절를 연필로 동그라미 그려가며 묶어 읽는 것이 훈련의 핵심이다. 물론 해석은 의미 단위를 기준으로 끊어서 직독직해한다.

One sunny day, four middle school boys didn't want to attend classes.

so they were absent from school.

The next morning they explained to a teacher why they missed her class.

It is because their bus had a flat tire.

Luckily she smiled and said,

"Well, you missed a test yesterday, so take your seats and get out a pencil and paper."

She waited while they sat down and got ready for the test.

then she said, "First question which tire was flat?"

— 영어 지문:《쭉쭉 읽어라 중학 중급》, 김인규, 비전, 8쪽

넷째, 이번에는 2배속으로 들으면서 의미 단위인 청크를 조금 더 확장한다. 훈련은 반복이다. 처음부터 잘되는 훈련은 없다. 여러 번 반복하여 눈과 귀가 익숙해지게 한다. 2배속 속청 후에 영어 지문을 빠르게 읽어본다. 1.5배속보다 더 빨라진 느낌을 확실히 받을 것이다.

One sunny day, four middle school boys didn't want to attend classes,

so they were absent from school.

The next morning they explained to a teacher why they missed her class.

It is because their bus had a flat tire.

Luckily she smiled and said,

"Well, you missed a test yesterday, so take your seats and get out a pencil and paper."

She waited while they sat down and got ready for the test,

then she said, "First question which tire was flat?"

— 영어 지문: 《쭉쭉 읽어라 중학 중급》, 김인규, 비전, 8쪽

　　다섯째, 이번에는 3배속이나 그 이상으로 들으면서 한 문장을 전체로 볼 수 있도록 노력한다. 집중을 또렷이 하고 눈을 살짝 크게 뜨면 도움이 된다. 3배속 속청 후에 영어 지문을 빠르게 읽어보고 독해한 시간을 기록한다. 2배속보다 더욱 빨라진 느낌을 확실히 느낄 것이다. 이렇게 스피드를 높여서 4배속까지 꾸준히 훈련해본다.

One sunny day, four middle school boys didn't want to attend classes.

so they were absent from school.

The next morning they explained to a teacher why they missed her class.

It is because their bus had a flat tire.

Luckily she smiled and said,

"Well, you missed a test yesterday, so take your seats and get out a pencil and paper."

She waited while they sat down and got ready for the test.

then she said, "First question which tire was flat?"

— 영어 지문: 《쭉쭉 읽어라 중학 중급》, 김인규, 비전, 8쪽

여섯째, 음원 없이 훈련해보자. 두뇌로 글을 본다는 마음으로, 편안하게 한 단락을 본다는 개념으로 여러 번 반복해서 훈련한다. 그리고 시간을 측정해본다. 5초 이내에 독해 가능하다면 이 느낌, 이 감정, 이 패턴 그대로를 마음속에 저장한다. 이것이 영어 빠르게 읽고 듣기의 기초 훈련 방법이다.

마지막 단계로, 눈을 감고 1배속으로 지문을 들어본다. 그러면 이제는 마치 슬로우 비디오를 보는 것처럼 너무나 선명하고 여유롭게 영어가 귀에 들어올 것이다. 누군가는 이 느낌이 기적을 경험하는 것과 같다고 했다. 우리말이나 영어나 결국은 같다. 두뇌가 빠른 속도에 노출되어 있다가 조금만 스피드를 줄여주면 모든 것이 선명해진다. 그만큼 여유롭게 정보를 받아들일 수 있는 것이다. 핵심은 이것이다. '빨리 듣고 읽으면 이해가 되지 않을 거야'라고 걱정할 것이 아니라 우리의 감각을 빠른 스피드에 노출시켜야 한다. 빠른 정보 취득에 적응하면 실전 스피드에서는 완벽한 이해를 하게 된다.

공부를 했을 뿐인데
내 인생 최고의 선물이 찾아왔다

극한으로 끌어올린 나의 잠재력

몰입공부의 가장 중요한 부분은 역시 '몰입'이다. 우리의 마음을 몰입 상태로 들게 하는 것이 모든 시작이자 끝이라고 해도 과언이 아니다. 몰입은 잡념을 떠나서 오직 하나의 대상에만 정신을 집중하는 경지를 말하는 것이며, 이 경지에서 바른 지혜를 모아서 우리가 원하는 지식을 얻을 것이다.

이미 앞부분에서 몰입하는 방법과 훈련 규칙을 상세히 일러두었다. 이를 잘 숙지했다면 어느 정도는 몰입에 익숙해졌을 것이다. 이번에는 가장 확실하며 강력한 경지의 몰입에 아주 빠르게 들어가는 최종 훈련을 해보도록 하자. 우리의 모든 생각과 마음 그리고 정신도 훈련이 필요하다.

내 마음의 작동 스위치

우리의 최종 목적은 단 3초 안에 몰입하는 것이다. 훈련은 반복이고 반복은 의식에서 무의식의 세계로 인도한다. 따라서 시간이 날 때마다 훈련을 반복하여 몰입으로 들어가는 것을 편안하게 만들어본다. 이 훈련이 몸에 스며들 때가 되면 몸과 마음에 몰입 훈련의 모든 기법이 저장된 상태가 될 것이고, 마음의 스위치를 만들어서 작동시키기만 하면 어떤 상황에서도 3초라는 빠른 시간 안에 몰입으로 들어가도록 심상화를 할 수 있다.

더불어 우리는 공부를 위해 몰입을 배우고 있지만, 이 훈련은 장차 인생의 가장 중요한 보물이 될 것이다. 이 훈련은 나 자신을 심신의 스트레스로부터 벗어나게 한다. 훈련을 마치면 마사지를 받은 듯이 몸과 마음이 개운해진다. 몰입 속에서 수험생은 짧은 기간 내에 성공적으로 공부를 마치게 될 것이고, 예술가는 영혼의 지혜를 얻어서 빛나는 작품을 창조하게 될 것이며, 사업가는 직관의 힘을 얻어서 최적의 의사결정을 내리게 될 것이다.

셋을 세면 시작되는 정신세계

이곳에서는 앞서 안내한 몰입 훈련을 어느 정도 숙지했다는 가정을 두고 진행하겠다. 먼저 몰입에 들기 전에 주변을 정리한다. 편안함과 고요함을 위해 적당한 장소에서 준비하기를 바란다.

다음으로 명상의 자세를 취한다. 엄지와 중지를 동그랗게 살포시 서로 맞닿게 하여 수인을 맺은 다음 무릎 위에 가지런히 올려놓자. 호흡은 자신의 스타일에 따라 자연스럽게 들이쉰다. 이곳에서 몰입 상태의 스위치는 오른쪽 엄지발가락을 살짝 구부리는 것으로 통일해 설명하겠다. 이후 각자 자신에 맞게 스위치를 새로 지정하기를 바란다. 이제 명상과 몰입을 위한 긴 여정을 떠날 것이다. 글을 천천히 음미하듯 읽으며 따라해보자. 인터넷에서 '몰입독서법'을 검색하면 읽지 않고 들으며 훈련할 수 있도록 동영상이 준비되어 있다.

●　　●　　●

　자, 준비가 되었다면 자세를 바르게 한다. 몸과 마음을 편안히 한다. 이제부터 당신의 의식을 단전에 놓고 호흡한다. 천천히 깊게 들이쉬고 천천히 길게 내쉰다. 호흡을 통하여 몸과 마음을 이완시킨다. 다시 고요히 깊게 들이쉬고 고요히 길게 내쉬며 생각한다. '편안하다. 편안하다.' 호흡을 통하여 몸과 마음을 더욱 이완시킨다. '편안하다. 편안하다.'

이 호흡은 훈련이 끝날 때까지 어떤 자극에도 반응하지 않으며 자동으로 유지한다. 이제 나의 의식을 양 눈썹 중앙에서 위로 1센티미터 위에 위치한 '인당'에 집중한다. 인당에 집중하면 할수록 인당이 확장된다. 내 앞에 있는 또 다른 시공간을 초월한 높은 차원 속 비밀의 공간으로 가는 제3의 통로가 열린다. 아름다운 보랏빛으로 에워싸인 통로를 따라서 몰입이라는 구호와 함께 셋을 세며 들어간다. 하나, 둘, 셋, 몰입.

이제 여러분은 시간과 공간의 제약이 없는 높은 차원의 세계로 들어왔다. 이 공간은 안전하고 어느 누구도 방해할 수 없는, 나만이 알고 있는 비밀의 공간이다. 이 공간은 너무나 행복하고 평화롭다. 이제 내 마음에 선언을 한다. '선언. 나는 몸과 마음을 고요하게 하여 완벽한 몰입 상태로 들어가서 자유로움을 느끼고 내가 원하는 바를 얻어 이 자리로 돌아오겠다.'

지금부터 호흡을 하면 할수록 내 마음은 점점 편안해지고 더욱 자유로워진다. 숨을 깊이 들이마시고 천천히 내쉰다. 깊이 숨을 쉴수록 숨은 더욱 깊게 쉬어진다. 가늘게 숨을 쉴수록 숨은 더욱 가늘게 쉬어진다. 이제 내 마음이 자유로움을 얻고 자 깊은 이완을 통하여 몸과 마음을 분리하겠다. 내 몸을 완전 히 이완하여 마음과 분리한다.

발가락에 의식을 집중하면 할수록 발가락의 느낌이 사라 진다. 발목에 의식을 집중하면 할수록 발목의 느낌이 사라진 다. 무릎에 의식을 집중하면 할수록 무릎의 느낌이 사라진다. 허벅지에 의식을 집중하면 할수록 허벅지의 느낌이 사라진다. 허리에 의식을 집중하면 할수록 허리의 느낌이 사라진다. 등에 의식을 집중하면 할수록 등의 느낌이 사라진다. 아랫배에 의 식을 집중하면 할수록 아랫배의 느낌이 사라진다. 배에 의식 을 집중하면 할수록 배의 느낌이 사라진다. 가슴에 의식을 집 중하면 할수록 가슴의 느낌이 사라진다. 팔에 의식을 집중하 면 할수록 팔의 느낌이 사라진다. 어깨에 의식을 집중하면 할 수록 어깨의 느낌이 사라진다. 목덜미에 의식을 집중하면 할수 록 목덜미의 느낌이 사라진다. 얼굴에 의식을 집중하면 할수록 얼굴의 느낌이 사라진다. 머리에 의식을 집중하면 할수록 머리 의 느낌이 사라진다. 분리된 나의 몸은 의식에서 사라진다. 사라진다. 이제 몸의 느낌이 없다. 내 마음의 집이었던 나의 몸이 의식에서 사라졌다.

몸이 사라진 자리에는 맑고 자유로운 마음만이 보랏빛 에너지로 밝게 빛나고 있다. 이제 나는 빛이 되었다. 이제 나는 몰입이 되었다. 편안하다. 참으로 편안하다. 이 몰입의 편안함을 즐긴다. 나는 이 몰입 상태가 좋다. 몰입은 마음의 줄기세포와 같다. 내가 소망하는 것이 무엇이든 창조할 수 있다. 내가 소망하는 것이 무엇인지를 떠올려본다. 이어서 내 소망이 이미 이루어진 멋진 모습을 그린다. 이 마음을 기억한다. 이 몰입된 상태를 기억한다. 이 몰입된 상태를 오른쪽 엄지발가락 스위치에 연결한다. 이제 '몰입'이라는 구호와 함께 엄지발가락에 살짝 힘만 주어도 나는 몰입된 상태로 빠르게 들어올 수 있다. 이 모든 것을 기억한다. 그리고 현재로 돌아온다. 이제 나의 마음이 몸과 합체하여 서서히 나의 몸을 인식한다. 이제 셋을 거꾸로 세면 내가 살고 있는 현재로 돌아온다. 셋, 둘, 하나.

・　　・　　・

　여기까지다. 숨을 천천히 쉬며 조용히 눈을 뜬다. 그리고
필요하다면 오늘 몰입 상태에서 보고 느꼈던 모든 정보를 노트
에 기록으로 남긴다. 이제 나는 그 어떤 장애물도 두렵지 않다.
오로지 나의 의지로 극복할 수 있게 되었기 때문이다.

결승선에 도착한 그룹과
낙오한 그룹

절반이 정신력에 달린 '멘탈 게임'

공부 말고 다른 이야기를 하나 해보자. 바로 스포츠다. 스포츠는 공부와 참 비슷한 점이 많다. 실력을 닦기 위해 오랜 시간 자기와의 싸움을 벌인다는 점, 경기가 열리면 그날 하루의 성과로 지난 세월을 평가받는다는 점 등이 그렇다. 순위가 매겨지고 누군가는 메달을 따지만 모두가 승리자가 될 수는 없다. 그렇기에 프로 운동선수라면 경기에 모든 역량을 동원할 수 있도록 특별한 트레이닝을 거친다.

몇 년 전, 프로 골퍼인 김대현 선수를 만나게 되었다. 처음에 그가 나를 찾은 이유는 여가를 위해 독서법을 배우고 싶기 때문이었다. 그런데 읽기 훈련을 하면 집중력을 키울 수 있다는 설명을 듣고 나자 태도가 달라졌다. 그는 몰입 트레이닝과 이미지 트레이닝에 큰 관심을 보였다. 그럴 만도 한 것이 골프는 흔히 '멘탈 게임'이라고 불린다. 다시 말해 절반이 정신력에 달려 있다는 뜻이다. 세계 정상급 선수들은 집중력과 깊은 관련이 있는데, 타이거 우즈 역시 명상 훈련을 받고 집중력을 높였다고 한다. 한 번은 우즈가 어떤 습관적 행동을 하는 모습이 카메라에 잡혔는데, 이로 인해 긴 시간 슬럼프에 빠진 적이 있었다. 이 습관을 '앵커링'이라고 한다. 전원 스위치를 켜면 불이 들어오듯이, 나만의 특정 행위를 통해 그 다음 동작을 불러내는 기법이다. 예를 들어 아주 뛰어난 골프 샷에 성공할 때마다 오른쪽 엄지발가락에 힘을 준다고 해보자. 그럼 실전 필드에서 오른쪽 엄지발가락에 신호를 주면 스위치가 켜진 듯 완벽한 샷이 무의식적으로 튀어나오는 것이다.

공부하는 순간이 괴롭지 않으려면

　몰입공부의 특징이 여기에 있다. 3초 안에 바로 몰입할 수 있는 훈련을 거듭해 누구나 순간적으로 공부 효율을 높이도록 돕는다. 김대현 선수도 몰입공부를 훈련하며 앵커링, 이미지 트레이닝, 마인드 컨트롤 등을 익혔다. 그러고 얼마 후, KPGA 매일유업오픈 2015에서 오랜 침묵을 깨고 우승했다. 그와의 만남은 나에게도 좋은 시간이었다. 몰입독해에서 몰입공부로 프로그램을 체계화하며 단순한 읽기 훈련이 아니라 학습자의 마음을 다스리고 합격까지 이끄는 종합 시스템으로 거듭날 수 있게 하는 시간이었기 때문이다.

　무의식에는 상상도 하지 못한 힘이 숨어 있다. 무의식에 저장하면 우리는 훨씬 빠르고 정확하게 원하는 바를 이룰 수 있다. 시험에 대비하기 위해 책상 앞에 앉았다가 시간의 흐름도 잊고 몰입하는 모습을 상상해보라. 그 순간 우리는 '괴로운 공부'에서 벗어나 지식을 향한 자유로운 여행을 하게 된다. 또한 몰입은 목표를 정확히 인지하도록 한다. 내가 무엇을 하고 있는지, 무엇을 할 예정인지, 가장 중요한 일은 무엇인지 알아차리는 수행 속에서 명확한 목적의식이 발전한다.

행군에 관한 실험이 있다. 서울에서 부산까지 약 일주일간 도보로 이동하는데, 그룹을 둘로 나누어 한 그룹에만 정확한 계획을 제시했다. 매일 어디에서 쉴지, 밥을 언제 먹을지, 어떻게 잠을 잘지 프로그램을 상세히 짜놓은 것이다. 다른 그룹에는 아무 설명을 덧붙이지 않은 채 그저 부산까지 가라는 말만 남겼다. 일주일 후, 첫 번째 그룹은 전원이 목적지에 도달했지만 두 번째 그룹은 반 이상이 낙오를 했다. 의식을 깨우고 몰입한다면 우리는 첫 번째 그룹과 같은 상태를 유지할 수 있다. 목표에 대한 청사진이 뚜렷할수록 우리는 합격을 향해 다가서게 된다.

부록

몰입공부
트레이닝
자료

명상으로 머리를 맑게 하자

지금까지는 몰입공부를 위한 전체적인 흐름을 이해할 수 있도록 길게 설명했지만, 이곳에서는 실제 훈련 시 편의를 돕기 위해 핵심만 간추려놓았다. 전반적인 내용을 파악했다면 앞으로 훈련을 하는 동안에는 〈부록〉만 반복해서 읽어도 충분하다. 또한 더욱 효과적인 훈련을 위해서는 몰입독서법으로 검색한 후 동영상과 함께 트레이닝하기를 권한다. 우선 명상 훈련 가이드를 알아보자.

1. 훈련 시간
· 1~5분 정도 훈련하도록 한다.

2. 훈련 목표
· 첫째, 집중력을 뛰어넘어 몰입으로 들어간다.
· 둘째, 3초 안에 몰입으로 들어갈 수 있도록 스위치를 만든다.

3. 앉는 자세

· 엉덩이 뒤쪽에 방석을 놓아주면 좋다.

· 등받이에 등을 기대지 않고 바르게 앉는다.

· 무릎은 90도 각도를 유지한다.

· 양손을 모아 배꼽 아래 3센티미터 지점에 포개어 살포시 밀착한다.

· 척추는 머리가 하늘에 맞닿는 듯 바르게 편다.

· 턱은 안으로 살짝 당긴다.

· 눈은 감고 생각의 의식을 양 눈썹 중앙에 놓아둔다.

· 목, 어깨, 팔, 다리에 힘을 빼고 이완시킨다.

4. 호흡 방법

몸과 마음이 피곤하지 않으려면 호흡이 중요하며, 여러 호흡법 중에서 단전호흡이 가장 적합하다.

· 배꼽 아래 3~5센티미터 지점에서 척추 앞쪽에 단전이 위치한다.

· 단전 앞 아랫배가 들어가도록 숨을 끝까지 길게 내쉰다.

· 단전 앞 아랫배가 앞으로 나오도록 숨을 깊이 들이쉰다.

· 코가 얼굴이 아니고 척추에 붙어있고 상상하면 쉽다.

· 가슴은 움직이지 않고 아랫배로 호흡한다.

· 파도가 자연스럽게 들어왔다 나가는 것처럼 자연스럽게
  호흡한다.

5. 의식

· 아무런 생각 없이 마음으로 단전을 바라본다.

· 잡생각이 떠오르면 그냥 흘러가게 놔둔다. 잡생각을 떨
  쳐버리려 집착하지 않는다면, 훈련이 진행될수록 잡념이
  줄고 결국 사라진다.

· 몸과 마음이 안정되면 단전에 아주 좋은 행운의 에너지
  가 쌓이고 응축되어 태양과 같은 따듯한 기운이 자리를
  잡는다.

6. 선언

나에게 맞는 선언문을 만들어 낭독한다. 예를 들면 다음과
같다.

· 이 방에 들어오면 나는 시간과 공간의 제약을 받지 않는다.

· 이 방에 들어오면 나의 두뇌는 모든 지식을 받아들이고
  기억한다.

· 이 방에 들어오면 나의 집중력은 한없이 커져서 몰입 상
  태가 된다.

시선을 집중하면 마음이 하나로 모인다

몰입공부를 위한 3단계 시각 훈련을 해보자. 각 단계는 30초에서 1분 동안 실시하면 된다. 우선 1단계 훈련에서는 고정점 응시를 통하여 눈과 마음의 시력을 하나로 만들어보자.

1. 훈련 교재를 눈높이로 들어올린다.
2. 눈과 교재가 20~30센티미터 간격이 되도록 유지한다.
3. 눈을 약간 크게 뜨고 점을 응시한다.
4. 산만한 시력을 하나로 모은다고 생각한다.
5. 점을 보면 볼수록 선명하고 깨끗하며 점점 크게 보인다는 느낌으로 훈련한다.
6. 1초 정도의 짧은 순간에도 한 번이 아니라 여러 번 두뇌에 각인되도록 집중한다.
7. 눈을 감고 방금 봤던 점을 떠올렸을 때 선명한 이미지가 보인다면 성공이다.

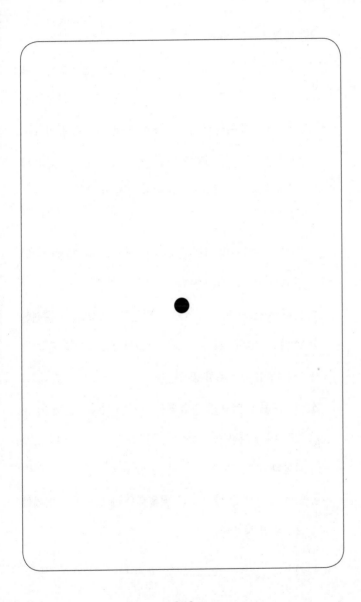

2단계 훈련으로 넘어가보자. 이번에는 가운데 점을 응시하면서 큰 원은 보이지 않도록 노력한다. 몰입 상태에서는 내가 원하는 것만 볼 수 있는 힘이 생기는데, 큰 원이 나의 관심사에서 멀어지면 마치 사라진 것처럼 느껴질 것이다. 큰 원이 보이지 않는다면 몰입으로 들어왔다고 할 수 있다. 이때 눈을 감고 방금 봤던 가운데 점을 선명하게 떠올릴 수 있으면 성공이다.

1. 훈련 교재를 눈높이로 들고 눈과 교재가 20~30센티미터 간격이 되도록 유지한다.

2. 눈을 약간 크게 뜨고 점을 응시한다. 이때 앞서 훈련한 '스위치' 기법을 활용해보자. 마음의 몰입 스위치를 켜고 가운데 점을 조용히 응시한다.

3. 몰입으로 들어갈 때 마음속으로 '몰입'이라고 말한다. 이 순간 내가 원하는 완벽한 시공간을 향해 이동한다고 생각한다.

4. 눈을 감고 방금 봤던 점을 떠올렸을 때 선명한 이미지가 보인다면 성공이다.

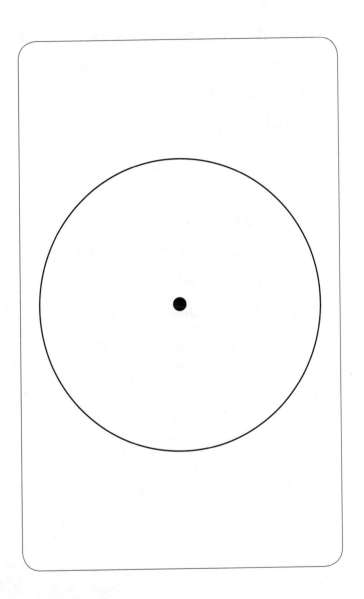

마지막으로 3단계 훈련이다. 이번에는 논리적이며 분석적이고 언어적인 좌뇌를 휴식하도록 만들며, 창의적이고 직관적이며 감성적인 우뇌의 활동을 촉진시켜 양쪽 두뇌가 조화롭게 활용될 수 있도록 할 것이다.

1. 훈련 교재를 눈높이로 들고 눈과 교재가 20~30센티미터 간격이 되도록 유지한다.
2. 전체 이미지를 바라본다. 개인에 따라 그림이 빙빙 도는 착각을 일으킬 수도 있다.
3. 점차 익숙해지면 도형이 편안하게 보이고 마음이 고요해지며 머리가 맑아지는 것을 느낄 수 있다.

인지 시야를 넓히는 훈련

이번에는 인지 시야를 확대해보자. 이 책에서 이미 한 번 다루었지만, 설명을 위해 한 가지 훈련 자료밖에 제시하지 못했다. 이번에는 다양한 자료를 통해 본격적인 트레이닝을 해보자.

1. 머리는 가능한 움직이지 말고 눈동자만으로 훈련한다.

2. 시야를 넓히면서 목표점을 볼 때는 한 점 보기 훈련을 통해 느꼈던 선명도를 유지하도록 한다.

3. 왼쪽과 오른쪽 점 안에 있는 모든 문자가 인식될 수 있도록 하려는 목적이다.

4. 각 단계별로 선명한 시야가 확대되면 A 단계에서 점차 C 단계로 올라간다.

5. 처음에는 약간 어지러울 정도로 강하게 훈련한다.

6. 가로 확장, 세로 확장, 두뇌 융합, 사각 방지 훈련을 모두 각 30초씩 실시한다.

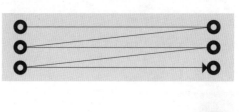

인지 시야 세로 확장 A 단계 훈련

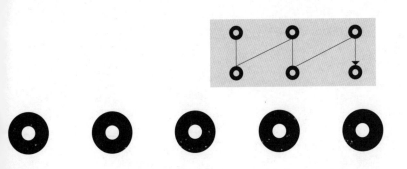

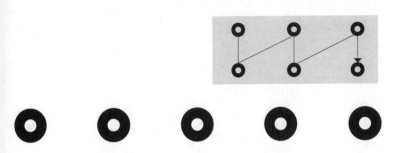

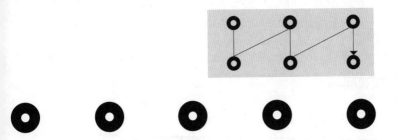

문자와 그림을 동시에 인식할 수 있도록 무한대 선을 따라 빠르게 시선을 이

동한다.

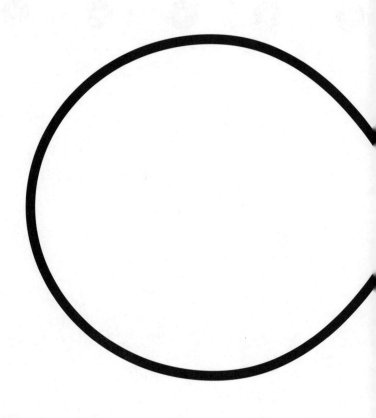

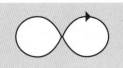

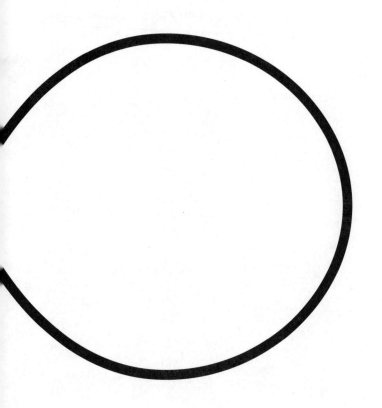

위쪽 ①번 점과 ②번 점을 동시에 보고 아래쪽 ③번 점과 ④번 점을 동시에 보면

서 전체가 한눈에 들어오도록, 사각의 구석구석이 다 보이도록 반복 훈련한다.

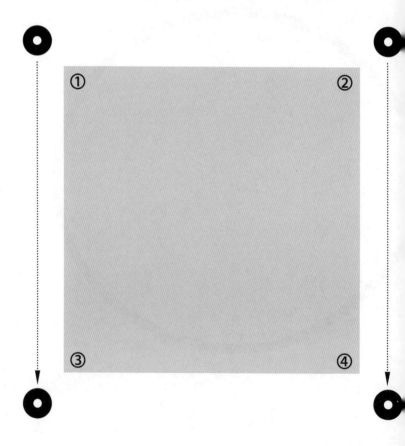

간단히 훑어보면서도
키워드는 놓치지 않으려면

포커스 훈련은 책 전체를 한눈에 보면서도 중요 키워드를 두뇌에 입력시키도록 돕는다. 이곳에는 100개가 넘는 점이 있다. 먼저 전체 점을 보고 나서 첫 번째 점을 본다. 다음에는 전체 점을 보고 두 번째 점을 본다. 계속해서 전체 점과 모든 점을 한 번씩 볼 수 있도록 한다. 익숙해지면 점점 단계를 높인다. 시계 등을 이용해 리듬감 있게 1초에 한 번씩 눈을 움직이는 느낌으로 하면 더욱 효과적이다.

1단계

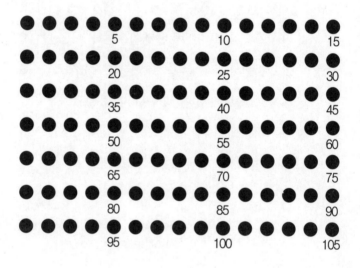

2단계

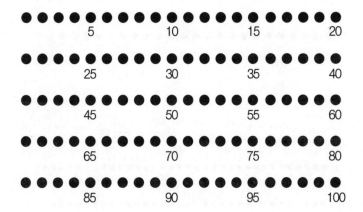

3단계

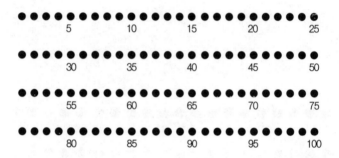

4단계

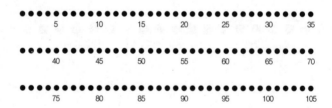

244

기호 읽기로 속발음 습관 교정하기

문자가 아닌 기호로 훈련해 속발음 습관을 교정하고 독해 속도를 높이는 훈련을 해보자. 총 세 단계로 이루어져 있으며, 각 단계마다 1분씩 내가 빠르게 할 수 있는 최고의 속도로 훈련한다.

반 줄에 있는 4개의 점을 한 번에 보고 나서 다음에 있는 4개의 점으로 시선을 이동한다. 단, 4개의 점을 볼 때 왼쪽에서 오른쪽으로 눈을 옮기며 보지 말고 동시에 4의 점을 볼 수 있게 초점을 맞춘다.

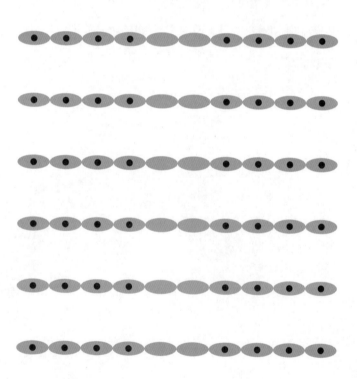

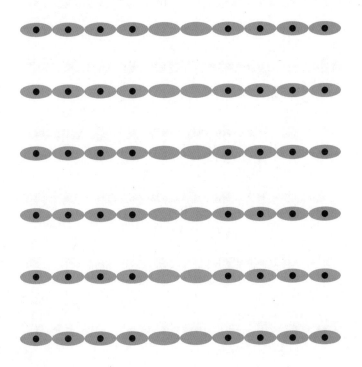

2단계

1단계 훈련이 익숙해지면 2단계로 넘어온다. 이번에는 한 줄에 있는 10개의
점을 동시에 본다.

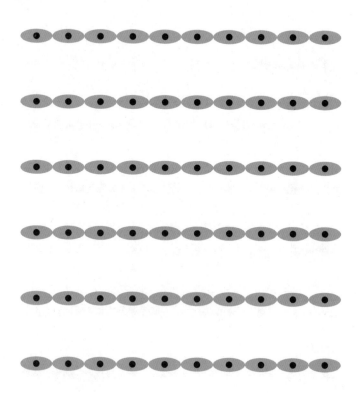

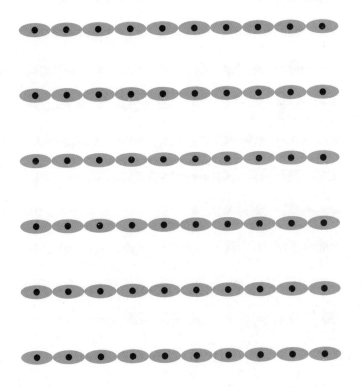

3단계

이번 단계에서는 한 번에 볼 수 있는 양을 늘려간다.

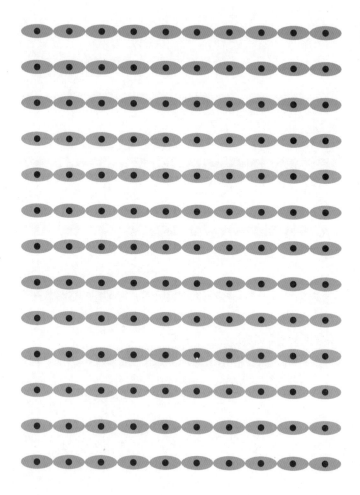

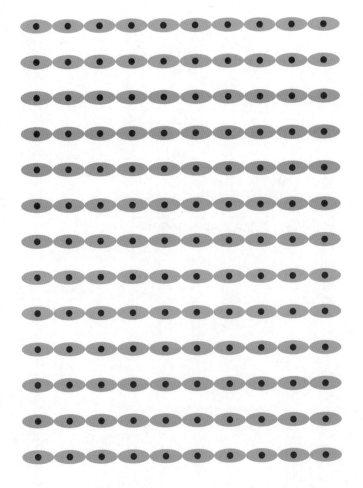

포토카피, 마음으로 사진을 찍자

포토카피는 글자를 사진처럼 이미지로 인식하는 훈련이다. 나무가 아니라 숲을 먼저 볼 수 있도록 도와준다. 혼자서 훈련할 때는 한 페이지를 순간 확인한 후에 기억나는 단어를 빈 종이에 적어본다. 두 사람이 짝을 지어 훈련할 경우, 한 사람은 단어를 불러주고 다른 사람은 그 단어를 빠르게 찾아본다. 책의 위아래를 뒤집어놓고 보아도 단어를 찾을 수 있도록 '글자'가 아닌 '그림'으로 인식해본다.

국화　매력　변덕스러움　신중

바리공주　앵무새　인생

패랭이꽃

추억　사랑　정직하게

동일한

한문

엇비슷한　칠순　교무실

명상　시작하다　유혹하다

추억하다

콘센트　탁자　만나다　동의하다

원숭이

소유하다　청개구리　목소리

위안　희망　소망　단풍나무　무화과

평정

순진　숭어　행복

선견지명

맹세　클로버　틀립　마음

상쾌　고결　의심　이슬비

고마운　가랑비　검소한　거북이

내일　현실의　진실한　마음

각시붕어　복숭아　옥잠화　유연한

진주　즐거움　감사　정절　승리

기원　　하이킹　　양분　　복제하다

좋아하다　　모래무지　　떡갈나무　　오팔

통쾌　　열심히　　존경　　마음　　수줍음

제비꽃　　해당화　　잉어　　매미

위엄

창조　　프로필　　황금　　하마　　이상형

중대한　　천연의　　연어

비취

실전을 위한 문장 적응 트레이닝

지금까지 훈련한 모든 방법을 통해 실전에 들어가도록 하자. 김유정의 소설 〈동백꽃〉 앞 부분을 읽으며 다음 사항에 유의해보자.

1. 음독이나 묵독하지 말고 두뇌로 보면서 이해한다.
2. 한 단어씩 보지 말고 한 줄 이상씩 보려고 노력한다.
3. 처음에는 문장을 보면서 점차 문단으로 확대한다.
4. 문단이 선명하게 이해되면 점차 한 페이지로 확대한다.
5. 읽기는 읽었으나 내용을 자세히 모를 때는 속도를 줄이고 문장을 이미지화하도록 한다.
6. 인지 시야 가로 확장 훈련에서 양쪽 점을 다 보도록 훈련했다면 양쪽 점 안에 있는 모든 문장이 한 번에 쉽게 보일 것이다.

동백꽃

김유정

오늘도 또 우리 수
닭이 막 쫓기었다.

내가 점심을 먹
고 나무를 하러 갈
양으로 나올 때이
었다.

산으로 올라서려
니까 등 뒤에서 푸
르득푸드득, 하고
닭의 횃소리가 야
단이다.

깜짝 놀라서 고
개를 돌려보니 아
니나다르랴, 두 놈
이 또 얼리었다.

점순네 수탉(은
대강이가 크고 똑
오소리같이 실팍하
게 생긴 놈)이 덩저
리 작은 우리 수탉
을 함부로 해내는
것이다.

그것도 그냥 해
내는 것이 아니라
푸드득 하고 면두

를 쪼고 물러섰다
가 좀 사이를 두고
또 푸드득 하고 모
가지를 쪼았다.

이렇게 멋을 부
려 가며 여지없이
닦아 놓는다.

그러면 이 못생
긴 것은 쪼일 적마

다 주둥이로 땅을
받으며 그 비명이
킥, 킥 할 뿐이다.

물론 미처 아물지
도 않은 면두를 또
쪼이어 붉은 선혈은
뚝뚝 떨어진다.

이걸 가만히 내
려다보자니 내 대

강이가 터져서 피가 흐르는 것같이 두 눈에서 불이 번쩍 난다.

대뜸 지게 막대기를 메고 달려들어 점순네 닭을 후려칠까 하다가 생각을 고쳐먹고 헛매질로 떼어만 놓았다.

이번에도 점순이가 쌈
을 붙여 놨을 것이다.

바짝바짝 내 기를 올리
느라고 그랬음에 틀림없
을 것이다.

고놈의 계집애가 요새
로 들어서서 왜 나를 못
먹겠다고 고렇게 아르렁
거리는지 모른다.

나흘 전 감자 조각만
하더라도 나는 저에게 조
금도 잘못한 것은 없다.

계집애가 나물을 캐러
가면 갔지 남 울타리 엮는
데 쌩이질을 하는 것은 다
뭐냐.

그것도 발소리를 죽여
가지고 등뒤로 살며시 와

서, "얘! 너 혼자만 일하니?" 하고 긴치 않은 수작을 하는 것이다.

어제까지도 저와 나는 이야기도 잘 않고 서로 만나도 본 척 만 척하고 이렇게 점잖게 지내던 터이련만 오늘로 갑작스레 대견해졌음은 웬일인가.

황차 망아지만한 계집

애가 남 일하는 놈보구.

"그럼 혼자 하지 떼루

하디?"

내가 이렇게 내배앝는

소리를 하니까,

"너 일하기 좋니?"

또는, "한여름이나 되

거든 하지 벌써 울타리를

하니?"

잔소리를 두루 늘어놓

다가 남이 들을까 봐 손으

로 입을 틀어막고는 그 속

에서 깔깔댄다.

별로 우스울 것도 없는

데 날씨가 풀리더니 이놈

의 계집애가 미쳤나 하고

의심하였다.

게다가 조금 뒤에는 제 집께를 할금할금 돌아보더니 행주치마의 속으로 꼈던 바른손을 뽑아서 나의 턱밑으로 불쑥 내미는 것이다.

언제 구웠는지 아직도 더운 김이 확 끼치는 굵은 감자 세 개가 손에 뿌듯이 쥐였다.

"느 집엔 이거 없지?"

하고 생색 있는 큰소리를 하고는

제가 준 것을 남이 알면은 큰일날 테니

여기서 얼른 먹어버리란다.

그리고 또 하는 소리가, "너 봄감

자가 맛있단다."

"난 감자 안 먹는다, 너나 먹어라."

나는 고개도 돌리려지 않고 일하던

손으로 그 감자를 도로 어깨너머로 쑥

밀어 버렸다.

그랬더니 그래도 가는 기색이 없고

뿐만 아니라 쌔근쌔근 하고 심상치 않게

숨소리가 점점 거칠어진다.

이건 또 뭐야, 싶어서 그때서야 비로

소 돌아다보니 나는 참으로 놀랐다.

우리가 이 동리에 들어온 것은 근

삼 년째 되어 오지만 여태껏 가무잡잡한

점순이의 얼굴이 이렇게까지 홍당무처

럼 새빨개진 법이 없었다.

게다 눈에 독을 올리고 한참 나를

요렇게 쏘아보더니 나중에는 눈물까지

어리는 것이 아니냐.

그리고 바구니를 다시 집어 들더니

이를 꼭 악물고는 엎어질 듯 자빠질 듯

논둑으로 횡허케 달아나는 것이다.

어쩌다 동리 어른이, "너 얼른 시집

가야지" 하고 웃으면,

"염려 마서유. 갈 때 되면 어련히 갈

라구!"

이렇게 천연덕스레 받는 점순이었다.

본시 부끄럼을 타는 계집애도 아니

려니와 또한 분하다고 눈에 눈물을 보일

얼병이도 아니다.

분하면 차라리 나의 등허리를 바구

니로 한번 모질게 후려쌔리고 달아날지

언정.

그런데 고약한 그 꼴을 하고 가더니

그 뒤로는 나를 보면 잡아먹으려고 기를

복복 쓰는 것이다.

설혹 주는 감자를 안 받아 먹은 것

이 실례라 하면, 주면 그냥 주었지 '느

집엔 이거 없지'는 다 뭐냐.

그러잖아도 저희는 마름이고 우리

는 그 손에서 배재를 얻어 땅을 부치므

로 일상 굽실거린다.

우리가 이 마을에 처음 들어와 집이

없어서 곤란으로 지낼 제 집터를 빌리고

그 위에 집을 또 짓도록 마련해 준 것도

점순네의 호의였다.

지금 혼자 몰입공부

초판 1쇄 발행 · 2018년 9월 30일

지은이 · 남선우
펴낸이 · 김동하
책임편집 · 양현경

펴낸곳 · 책들의정원
출판신고 · 2015년 1월 14일 제2015-000001호
주소 · (03955) 서울시 마포구 방울내로9안길 32, 2층(망원동)
문의 · (070) 7853-8600
팩스 · (02) 6020-8601
이메일 · books-garden1@naver.com
블로그 · books-garden1.blog.me

ISBN · 979-11-87604-79-2 (03370)